N. F Semenov, Thilo von Trotha

An der oberen Weichsel

Eine russische applikatorische Operations-Studie

N. F Semenov, Thilo von Trotha

An der oberen Weichsel
Eine russische applikatorische Operations-Studie

ISBN/EAN: 9783743354234

Hergestellt in Europa, USA, Kanada, Australien, Japan

Cover: Foto ©ninafisch / pixelio.de

Manufactured and distributed by brebook publishing software (www.brebook.com)

N. F Semenov, Thilo von Trotha

An der oberen Weichsel

An der oberen Weichsel.

Eine russische applikatorische Operations-Studie

bearbeitet von

Thilo von Trotha.

Berlin 1896.
Militär-Verlag R. Felix.

Vorwort.

„Eine strategische Aufgabe. — Operationen eines Armeekorps zwischen der Pilica und der oberen Weichsel und im nördlichen Galizien" — unter diesem Titel hat der Kaiserlich russische Ingenieurkapitän A. F. Semenow eine applikatorische Studie veröffentlicht, deren Inhalt für jeden Offizier, der sich über die russische Armee gründlich zu orientiren bestrebt ist, von Interesse sein dürfte.

Zwar fehlt der fleißigen Studie — in welcher übrigens kein Schuß fällt und kein Tropfen Blut fließt — jeder sensationelle Beigeschmack, wie ihn verschiedene moderne Darstellungen phantastischer Zukunftsschlachten und Zukunftskriege bieten — auch kann sie nicht im Geringsten darauf Anspruch machen, die gewissermaßen mitarbeitende Spannung des Lesers zu erwecken, wie dies z. B. bei den applikatorischen Musterwerken des General v. Verdy der Fall ist — wohl aber bietet sie — auf einem an und für sich durchaus farblosen strategischen Hintergrunde — die Gelegenheit, den Mechanismus des Dienstgetriebes eines russischen Armeekorps sowohl in defensiver wie in offensiver Kriegslage in großer Anschaulichkeit kennen zu lernen, wobei namentlich die Fragen der Verpflegung und die ganzen Verhältnisse hinter der Front mit großer Sorgfalt behandelt worden sind.

Die strategischen und taktischen Anschauungen und Anordnungen, welche uns in der Studie entgegentreten, braucht man durchaus nicht etwa als eine Patent-Lösung des russischen Generalstabes aufzufassen — sie lassen manches Fragezeichen berechtigt erscheinen — immerhin aber darf man in ihnen wohl den Niederschlag gewisser Strömungen erblicken, welche zur Zeit in der russischen Armee sich geltend machen.

Dem russischen Verfasser schwebten bei der Abfassung seiner Studie natürlich Leser vor, welche mit verschiedenen von ihm nur leicht berührten Verhältnissen durch die Praxis genügend vertraut sind; da dies von nichtrussischen Lesern nicht ohne Weiteres angenommen werden darf, so habe ich verschiedene organisatorische und reglementarische Verhältnisse an entsprechender Stelle erörtert. Es bot dies den Vortheil, die in unserer Militärliteratur in abstrakter Form ziemlich ausgiebig gebotenen Angaben über russische Heeresverhältnisse an konkreten Beispielen im Rahmen zusammenhängender Vorgänge gewissermaßen lebendig zu machen.

Die Eintheilung, welche der Verfasser seiner Studie gegeben hat — in einen geographisch-statistischen, einen strategisch-taktischen und einen administrativen Theil — behalte ich bei, jedoch werde ich nur die beiden letzteren Theile eingehend zur Darstellung bringen, in Betreff des geographisch-statistischen Theiles aber mich auf einen kurzen Ueberblick beschränken.

Thilo von Trotha.

Inhalts-Verzeichniß.

	Seite
Vorwort	III
I. Geographisch-statistischer Theil	1
II. Strategisch-taktischer Theil	2
1. Uebersicht und Aufgabe	2
2. Vortrag des Stabschefs	5

Erläuterungen:
1. Die Bahnlinien Jwangorod-Kielze und Konst.-Podsechow . . . 9
2. Die Weichsel zwischen Kratau und Zawichost 9
3. Werst und Kilometer 9

3. Korpsbefehl Nr. 174 vom 23. Juni 9

Erläuterungen:
4. Die Grenzwache 13
5. Der Truppentroß 13
6. Die Artillerieparks 14
7. Militärtelegraphenpark 15
8. Sanitätsanstalten 15

4. Dislokation der Truppentheile des Korps 16

Erläuterungen:
9. Zusammensetzung des Korps 16

5. Tagesbefehl Nr. 37 vom 23. Juni 17
6. Instruktion für den Kommandeur der rechten Avantgarde . 18
7. Instruktion für den Kommandeur der Kavallerieabtheilung in Stopnija 20
8. Instruktion für den Kommandeur der Kavallerieabtheilung in Opatow 21
9. Befehl für die rechte Avantgarde vom 24. Juni 22

Erläuterungen:
10. Die vordere Sicherheitslinie oder die Vorposten . . . 24
11. Regimentsquartiermeister 25
12. Zufost 25

10. Instruktion für den Kommandeur der ersten fliegenden Patrouille 26

Erläuterungen:
13. Die fliegende Patrouille 26

	Seite
11. Korpsbefehl Nr. 182 vom 30. Juni	28
Erläuterungen:	
14. Truppentheile vom Tagesdienst (du jour)	29
12. Bestimmung über den inneren Sicherheitsdienst im Biwak des Korps	30
13. Disposition für die Besetzung der Stellung von Morawije	32
14. Disposition für die Truppen der 24. Infanteriedivision	34
15. Befehl für das Infanterieregiment Nr. 93	35
Erläuterungen:	
15. Aufstellung der Truppen in der Stellung von Morawije	36
16. Entwurf für die Befestigungsarbeiten in der Stellung von Morawije	39
Erläuterungen:	
16. Das Schanzzeug	42
17. Vortrag des Stabschefs	42
18. Marschroute für die Bewegungen des Korps vom 3. bis 9. Juli	44
Erläuterungen:	
17. Marschrichtung	45
19. Instruktion für den Kommandeur der rechten Avantgarde	46
Erläuterungen:	
18. Brückenmaterial	47
20. Instruktion für den Kommandeur der linken Avantgarde	48
21. Disposition für den Vormarsch des Korps auf Tarnow	49
Erläuterungen:	
19. Sicherungen während der Bewegung	50
20. Marschtiefenberechnung	51
22. Instruktion für den Kommandeur des linken Seitendetachements	52

III. Administrativer Theil 54

1. Uebersicht	54
2. Vortrag des Stabschefs	55
Erläuterungen:	
1. Kopfstärken	57
2. Schußwaffen	57
3. Russische Gewichtsmaaße	58
4. Einheitssatz der Verpflegung	58
3. Vortrag des Korpsintendanten	59
Erläuterungen:	
5. Uebersicht über die Verpflegung der russischen Truppen	61
6. Der eiserne Verpflegungsvorrath	62
7. Die Futterration	63
4. Korpsbefehl Nr. 175 über Regelung der Verpflegung	64
5. Vortrag des Korpsartilleriechefs	65

Inhaltsverzeichniß. **VII**

Seite

6. Korpsbefehl Nr. 183 über Regelung des Munitionsersatzes . . . 68
   Erläuterungen:
   8. Abwechselnde Gangart 69
7. Vortrag des Korpsarztes 69
   Erläuterungen:
   9. Militärsanitätstransporte 72
8. Korpsbefehl Nr. 184 über Regelung der Sanitätsverhältnisse . . 72
9. Vortrag des Stabschefs in Bezug auf die bevorstehende Offensive 74
   Erläuterungen:
   10. Intendanturtransporte. I. 74
10. Vortrag des Korpsintendanten 75
    Erläuterungen:
    11. Intendanturtransporte. II. 78
    12. Brod und Zwieback 79
11. Vortrag des Korpsarztes 79
12. Korpsbefehl Nr. 185. Munitionsersatz 80
13. Korpsbefehl Nr. 186. — Verpflegungsverhältnisse 81
14. Korpsbefehl Nr. 187. — Sanitätsverhältnisse 82
15. Vortrag des Stabschefs über die Organisation der Etappenlinie 83
    Erläuterungen:
    13. Rekonvaleszentenkommando 86
16. Korpsbefehl Nr. 194 86

I.

Geographisch-statistischer Theil.

Der Schauplatz, welcher für die Betrachtungen der Studie zur Sprache kommt und demgemäß von dem geographisch-statistischen Theil derselben behandelt wird, umfaßt im allgemeinen die russischen Gouvernements Radom und Kielze sowie das nordwestliche Galizien; begrenzt wird dieses Gebiet in großen Zügen: im Norden und Westen von der Piliza, im Süden von der Linie Krakau-Tarnow-Rjeschow-Przemysl, im Osten durch San und Weichsel.

Innerhalb dieser Grenzen giebt die Studie eine über die Bedürfnisse der eigentlichen Arbeit weit hinausgehende sorgfältige militärgeographische Darstellung und zwar mit folgenden Abschnitten: Oberfläche — Flüsse — Sümpfe — Wälder — Klima — Verbindungen — befestigte Punkte. Ganz besonders der Abschnitt Verbindungen ist außerordentlich eingehend behandelt.

Von einer Wiedergabe dieser militär-geographischen Darstellung sehe ich hier ab; einzelne Angaben werden an entsprechenden Stellen der Darstellung selbst Platz finden.

Vervollständigt wird dieser erste Theil der Studie noch durch 15 statistische Tabellen, welche über alle möglichen für die kriegführenden Parteien irgendwie interessanten Fragen Auskunft geben, für den Rahmen der vorliegenden Studie aber fast überflüssig sind.

————

II.
Strategisch-taktischer Theil.

1. Uebersicht und Aufgabe.

Ein bei Kielze versammeltes Armeekorps — 3 Divisionen Infanterie, 1 Division Kavallerie — erhält die

1. Aufgabe:

Zunächst zur Deckung der in der Versammlung begriffenen Hauptarmee in einer bei Kielze zu nehmenden Stellung die Eisenbahnlinie Iwangorod-Kielze und Konsk-Podiechow zu sichern — später, bei Beginn der diesseitigen Offensive, als linkes Flügelkorps der in Westgalizien eindringenden Armee auf Tarnow zu marschiren. Basis: Iwangorod (Festung).

Der Korpskommandeur, Generallieutenant A., läßt sich von seinem Stabschef, Generalmajor B., über die allgemeine Lage sowie über die zunächst defensive Aufgabe des Korps und die bei Lösung dieser Aufgabe zur Sprache kommenden verschiedenen Gesichtspunkte Vortrag halten:

2. Vortrag des Stabschefs, Generalmajor B.

Auf Grund der in diesem Vortrage entwickelten Gesichtspunkte erläßt der Korpskommandeur den

3. Korpsbefehl (Prikas) Nr. 174 — 23. Juni, 1 Uhr Nachmittags —,

in welchem die Aufstellung des Korps südlich von Kielze mit defensiver Absicht angeordnet wird.

Zur Sicherung der Aufstellung werden drei Avantgarden vorgeschoben:

rechte Avantgarde auf der großen Straße von Kielze nach Krakau — bis Andrejew;

mittlere Avantgarde auf der Straße von Kielze über Pintschow nach Kralau — bis Kie;

linke Avantgarde auf der Straße von Kielze nach Nowû Kortschin — bis Chmieljnik.

Zur Sicherung der linken Flanke des Korps werden zwei selbstständige Kavallerieabtheilungen bei Stopniza und bei Opatow aufgestellt.

Diesem Korpsbefehl angeschlossen ist eine ganz detaillirte

4. **Dislokation aller Truppentheile des Korps.**

In Ergänzung des Korpsbefehls Nr. 174 wird gleichzeitig mit demselben der

5. Tagesbefehl Nr. 37 — datirt 23. Juni, 1 Uhr Nachmittags — erlassen, welcher einige untergeordnete Fragen regelt und vom Stabschef erlassen, sowie von diesem und dem ersten Adjutanten unterschrieben ist.

Auf Grund des Korpsbefehls Nr. 174 und unmittelbar nach Ausgabe desselben erläßt der Stabschef an die Kommandeure der drei Avantgarden und der beiden Kavallerieabtheilungen besondere Instruktionen, von denen die Studie folgende wörtlich mittheilt:

6. Instruktion für den Kommandeur der rechten Avantgarde — datirt 23. Juni, 2 Uhr Nachmittags;
7. Instruktion für den Kommandeur der Kavallerieabtheilung in Stopniza — datirt 23. Juni, 2 Uhr Nachmittags;
8. Instruktion für den Kommandeur der Kavallerieabtheilung in Opatow — datirt 23. Juni, 3 Uhr Nachmittags.

Auf Grund der erhaltenen besonderen Instruktion (Nr. 6) erläßt der Kommandeur der rechten Avantgarde, Generalmajor W., während des Vormarsches in die ihm zugewiesene Stellung bei Andrejew einen

9. Befehl für die rechte Avantgarde — 24. Juni, 1 Uhr Nachmittags —,

in welchem die nöthigen einzelnen Anordnungen getroffen werden, so auch in betreff der Vorpostenstellung.

Auf Grund der Bestimmungen über die Vorpostenstellung der rechten Avantgarde erläßt ein Rittmeister F., Kommandeur einer Feldwache, eine

10. Instruktion für den Kommandeur der ersten fliegenden Patrouille (Offizierpatrouille).

In der Voraussetzung, demnächst auf eine feindliche Offensive gefaßt sein zu müssen, beschließt der Korpskommandeur, die bisher südlich von Kielze zwischen dieser Stadt und der Schwarzen Nida in weitläufigen Quartieren stehenden Truppen unmittelbar hinter der

Stellung von Morawize zu versammeln, in welcher — am Schnittpunkt der von Krakau über Pintschow und der von Tarnow über N.-Kortschin und Chmielnik nach Kielze führenden Straßen — er der feindlichen Offensive entgegenzutreten beabsichtigt; die Avantgarden und die detachirten Kavallerieabtheilungen werden in ihren bisherigen Stellungen vorläufig belassen. Die entsprechenden Anordnungen enthält der

11. **Korpsbefehl Nr. 182** — 30. Juni, 1 Uhr Nachmittags —.

Diesem Korpsbefehl angeschlossen ist eine

12. **Uebersicht über den inneren Sicherheitsdienst im Bivak der Hauptkräfte des Korps.**

Hierauf erläßt der Korpskommandeur eine

13. **Disposition** — 1. Juli, 1 Uhr Nachmittags —,

welche für den Fall einer feindlichen Offensive das Verhalten der vorgeschobenen Abtheilungen und die Besetzung der Stellung von Morawize durch die Hauptkräfte des Korps anordnet.

Die Stellung wird in einen rechten und linken Abschnitt getheilt; für jeden derselben wird je eine Infanteriedivision zur Besetzung bestimmt.

(Generallieutenant C., Kommandeur der 24. Infanteriedivision, welche den rechten Abschnitt der Stellung besetzen soll, regelt diese Besetzung im einzelnen durch eine

14. **Disposition für die Truppen der 24. Infanteriedivision** — 1. Juli, 4 Uhr Nachmittags —.

Auf Grund dieser Disposition erläßt der Kommandeur des Infanterieregiments Nr. 93 einen

15. **Regimentsbefehl** — 1. Juli, 4 Uhr Nachmittags ,

welcher dem Regiment die demselben zufallende Rolle bekannt macht.

Ohne nähere Angabe, von wem derselbe entworfen — man darf wohl annehmen, von dem Chef der Genietruppen des Korps — folgt nun ein

16. **Entwurf für die Befestigungsarbeiten in der Stellung von Morawize**

mit genauer Berechnung des für die einzelnen vorgeschlagenen Arbeiten erforderlichen Personals und Materials.

Zu der feindlichen Offensive kommt es indessen nicht, vielmehr ergreift die inzwischen versammelte russische Armee ihrerseits die Offensive gegen Krakau.

Die hierbei dem bei Kielze stehenden Armeekorps zufallende Rolle wird in einem dem Korpskommandeur gehaltenen

17. **Vortrag des Stabschefs**
näher entwickelt.

Auf Grund der hier gemachten Vorschläge wird eine

18. Marschroute für die Bewegungen des Korps
ausgegeben und derselben zwei vom Stabschef erlassene Instruktionen beigefügt:

19. **Instruktion für den Kommandeur der rechten Avantgarde.**
20. **Instruktion für den Kommandeur der linken Avantgarde.**

Nachdem das Korps mit seinem Gros bei Opatowez, mit kleinen Abtheilungen weiter ostwärts bei Vatal und Vubfiska die Weichsel überschritten, erläßt der Korpskommandeur eine

21. Disposition — 8. Juli 5 Uhr Nachmittags —
für den weiteren Vormarsch des Korps in der Richtung nach Tarnow, wobei die bisherige rechte Avantgarde die eigentliche Avantgarde des Korps bildet, während die bisherige linke Avantgarde zu einer linken Seitenavantgarde wird, welche ihrerseits sich durch ein linkes Seitendetachement sichert.

Dieses letztere erhält nähere Direktiven durch eine vom Kommandeur der linken Seitenavantgarde erlassene

22. **Instruktion für den Kommandeur des linken Seitendetachements.**

Das Korps setzt den Vormarsch bis Tarnow fort, ohne auf den Feind zu stoßen — womit die Studie abschließt.

2. Vortrag des Stabschefs.

Nach den vorliegenden Nachrichten versammeln die Oesterreicher ihre westgalizische Armee in der Linie Krakau-Tarnow; ihre Vortruppen sind gegen die Grenze vorgeschoben.

Im Hinblick auf die Möglichkeit, der Feind könne vor Beendigung seiner eigenen Mobilmachung die Offensive angreifen, um die Versammlung unserer Armee zu hindern, hat unser bei Kielze aufgestelltes Armeekorps den Befehl erhalten, diese Versammlung zu sichern durch Schutz der Eisenbahnlinie Iwangorod-Kielze und Konst-Bodzechow.[1]

Die militär-geographischen Verhältnisse führen bei Lösung der unserem Korps gestellten Aufgabe zu nachstehender Betrachtung:

Die Weichsel, welche in dem Operationsgebiet unseres Korps alle aus Westgalizien über die Grenze führenden Wege durchschneidet, bildet vermöge ihrer natürlichen Beschaffenheit ein beträchtliches Hinderniß für den Uebergang großer Massen. Ständige Uebergänge über die Weichsel sind auf der in Frage kommenden Strecke von Krakau bis zum San außer Krakau selbst nicht vorhanden.*)

Der Uebergang des Feindes über die Weichsel und selbst sein Entschluß zum Uebergang an allen anderen Punkten als Krakau wird uns daher rechtzeitig bekannt werden.

Dieser Umstand könnte zu dem Gedanken führen, daß die Vertheidigung dieser Flußstrecke durch unser Korps eine leichte Sache und daß die uns gestellte Aufgabe hierdurch erfüllt sei.

Aber abgesehen davon, daß in diesem Falle das Korps eine 160 km lange Flußstrecke zu vertheidigen haben würde, so hätte dieser Entschluß den Nachtheil, daß wir nach erfolgtem Flußübergang des Gegners entweder uns in einer durch den Zufall uns aufgezwungenen Stellung gegen einen überlegenen Feind schlagen — oder auf eine früher ausgewählte Stellung zurückgehen müßten.

Weder in dem einen noch in dem anderen Falle würden wir große Aussicht auf Erfolg haben, da der Kampf mit einem überlegenen Gegner nur bei Ausnützung aller Vertheidigungsmittel zu einem glücklichen Endergebniß führen kann.

Auf dem Schauplatz der dem Korps bevorstehenden Operationen sind indessen alle Vortheile des Geländes auf Seiten des Vertheidigers. Das Gelände ist bergig und waldig, dabei im allgemeinen ziemlich durchschnitten. Die fast den ganzen östlichen Theil dieses Bezirkes bedeckenden Wälder machen die Wege zu langen verdeckten Engnissen. Im westlichen Theil des Bezirkes tritt der Wald mehr gruppenweise auf; nichts desto weniger hat auch dieser Theil des Bezirkes einen durchschnittenen Charakter, zu welchem auch eine ziemliche Anzahl von Weichselzuflüssen beitragen.

Dieser durchschnittene Charakter des Bezirkes in Verbindung mit den wenigen guten Straßen, welche von unserer Grenze nach Norden führen, bestimmt die hauptsächlichsten wahrscheinlichen Operationslinien des Gegners; es sind dies die Linien:

1) Krakau=Miechow=Andrejew=Kielze;
2) Krakau=Proschowize=Pintschow=Kielze;
3) Tarnow=N. Kortschin=Chmielnik=Kielze;

alle drei Straßen treffen bei Kielze zusammen.

Hiernach würde die einfachste Lösung der dem Korps gestellten Aufgabe darin bestehen, eine am Schnittpunkt der drei wahrscheinlichen Anmarschwege des Gegners gelegene Stellung zu besetzen. Hier befindet sich nun aber keine Stellung, wohl aber findet man deren zwei einen halben Tagemarsch südlich von Kielze: die e i n e bei Chenzinü, die a n d e r e bei dem Dorfe Morawize, beide am rechten Ufer der Schwarzen Nida.

Die Stellung von Chenzinü liegt an der Chaussee Warschau-Krakau und kann links umgangen werden — aber hier liegt die Stellung von Morawize am Treffpunkt der beiden anderen Operationslinien des Gegners, wodurch die Umgehung der linken Flanke der erstgenannten Stellung paralysirt würde.

Die Umgehung der Stellung von Chenzinü ist auch in der rechten Flanke möglich, hier aber sehr schwierig, auch ist es nicht möglich, sie verborgen auszuführen, da die bedeutende Ueberhöhung der Stellung über das vorliegende Gelände alle Bewegungen des Gegners zu überwachen gestattet.

Ein Frontalangriff auf die Stellung von Chenzinü ist sehr unwahrscheinlich, da diese Stellung schwer zugänglich ist.

Sollte der Feind trotzdem frontal gegen die Stellung von Chenzinü vorgehen, so könnte unser Korps, falls es in der Stellung von Morawize aufgestellt wäre (9 km *) Entfernung), nach zwei Stunden mit seiner Tête die Stellung von Chenzinü besetzen.

Auf diese Weise gestaltet sich der Plan zur Vertheidigung der Anmarschwege nach Kielze zu einer Besetzung der Stellung bei dem Dorfe Morawize bei gleichzeitiger Entsendung von drei Avantgarden in den drei Richtungen, in denen man den Anmarsch des Gegners erwarten kann. Hierbei muß die an der Warschau-Krakauer Chaussee bei Andrejew aufgestellte Avantgarde besonders stark gemacht werden, da ihr die besondere Aufgabe zufällt, auf ihrem Rückzuge in die Stellung von Chenzinü den wider Erwarten doch in dieser Richtung vordringenden Gegner bis zur Ankunft der Hauptkräfte des Korps aufzuhalten.

Da der Feind entschlossen ist, die Versammlung unserer Armee zu hindern, so muß man annehmen, daß er mit denjenigen Truppen, welche diese Versammlung sichern, also mit unserem Korps, den Kampf suchen wird, um gegen dasselbe einen entscheidenden Schlag zu führen und durch Besitznahme der von uns gedeckten Eisenbahnlinien thatsächlich die Versammlung unserer Armee zu stören.

Die Annahme, der Feind könnte, ohne mit unserem Korps den Kampf zu suchen, durch Umgehung desselben versuchen, direkt auf den Versammlungspunkt unserer Armee vorzugehen, hat wenig Wahrscheinlichkeit, da Flankenmärsche in einem so durchschnittenen waldreichen Gelände — welches das Manövriren größerer Truppenmassen behindert und hierdurch die Bedeutung der feindlichen Ueberlegenheit an Zahl herabsetzt — keine Aussicht auf einen günstigen Erfolg bieten.

Will der Feind das ihm gesteckte Ziel erreichen, so muß er unbedingt suchen, unser Korps zu treffen, anzugreifen und in diesem Kampf den Ausgang der ganzen Operation zu entscheiden.

Jede Verzögerung seinerseits kann den Ausgang seines Unternehmens ungünstig beeinflussen, da inzwischen die Versammlung unserer Armee sich mehr und mehr dem Ende nähert; mit anderen Worten: da unsere Kräfte mit jedem Tage wachsen. Zeitgewinn wird also eine Hauptbedingung des Erfolges der gegnerischen Operationen sein.

Dieses Zeitgewinnes wegen wird der Gegner zweifellos die kürzesten Operationslinien wählen, welche ihn mit unserem Korps zusammentreffen lassen — nämlich: Tarnow-Kortschin-Kielze und Krakau-Pintschow-Kielze.

Am Treffpunkt dieser Straßen werden wir, wie gesagt, die starke Stellung von Morawize besetzen und dieselbe hartnäckig vertheidigen.

Außer den aufgezählten Operationslinien für das Gros des Gegners würde dieser für Kavalleriedetachements, welche die Aufgabe hätten, die von uns gedeckten Eisenbahnlinien zu zerstören, noch folgende Umwege benutzen können:

Tarnow-Schtschutschin-Ratac-Opatow-Ostrowez-Bjin und

Tarnow-Mielez-Nabbrzhesie-Sandomir-Opatow-Ostrowez-Bjin.

Da derartige Unternehmungen des Gegners durchaus wahrscheinlich sind, so ist es nothwendig, einerseits die Eisenbahnlinien Iwangorod-Kielze und Konsk-Bobsechow unmittelbar zu sichern, andererseits Kavalleriedetachements nach Opatow und Stopniza vorzuschieben — diesen beiden Wegeknoten östlich der kürzesten Operationslinie des Gegners.

Die Aufgabe dieser Kavalleriedetachements besteht darin: den Gegner zu überwachen, seine Bewegungen rechtzeitig dem Korpskommando zu melden und dem Vorgehen feindlicher Kavallerieabtheilungen gegen die genannten Bahnlinien entgegen zu treten. Auf diese Weise ist unsere linke Flanke gegen Unternehmungen feindlicher Kavalleriedetachements genügend gesichert; im Zentrum und auf dem rechten Flügel werden wir dem Gegner mit unserem Gros entgegentreten.

Erläuterungen und Bemerkungen.

1. Die eingeleisige Bahnlinie Iwangorod-Kielze ist die Fortsetzung der großen doppelgeleisigen Linie Moskau-Smolensk-Minsk-Baranowitschi-Brest Litowski; von Kielze aus führt sie über Miechow weiter zur Grenze.

Die Linie Lods-Konsk-Bobsechow, welche vorläufig in Lods und Bobsechow (Ostrowez) endet, ist von Wichtigkeit als Querverbindung der beiden zur Grenze führenden Linien Warschau-Piotrokow-Tschenstochau und Iwangorod-Kielze-Miechow.

2. Die Weichsel wird bei Krakau bei einer Breite von 80 m für kleine Fahrzeuge schiffbar; innerhalb der Befestigungszone Krakaus führen mehrere Brücken — darunter eine Eisenbahnbrücke — über den Fluß, der unterhalb Krakaus an Breite schnell zunimmt; auf der Strecke von Igolomia bis Zawichost beträgt dieselbe 200–350 m bei einer Tiefe von 2–4 m; auf der ganzen Strecke befinden sich weder Brücken noch Furthen, wohl aber Fähren bei Niepolemize, Swinarowo, Opatowez (Ustje Jesuitkloje), Schtschutschin, Baranow und Nabbrjhesie. Das galizische Ufer wird von dem russischen überhöht.

3. Im Hinblick auf den für die vorliegenden Verhältnisse verschwindenden Unterschied zwischen Werst und Kilometer (1 Werst gleich 1,067 km) habe ich überall die russische Werstangabe einfach in Kilometer umbenannt, ohne die Differenz zu berechnen.

3. Korpsbefehl (Prikas) Nr. 174.

Vorwerk Wiljtscha.   23. Juni, 1 Uhr Nachmittags.

Nach den von der Grenzwache[1]) eingegangenen Nachrichten haben die vorgeschobenen feindlichen Patrouillen die Grenze noch nicht überschritten; die Hauptkräfte des Feindes versammeln sich in der Linie Krakau-Tarnow. Das mir unterstellte Armeekorps soll Quartiere in und um Kielze beziehen.

Demgemäß befehle ich:

1.

Den Truppen des Korps werden für ihre Quartiere folgende Räume angewiesen:

a) 24. Infanteriedivision mit ihrer Artillerie: Mojtscha, Kabu-Minü, Riba, Radlowize, Borki;

b) 45. Infanteriedivision mit ihrer Artillerie: Chenzinü, Jaworsna Schtschulowize, Bialogonj, Sagbojže;

c) 13. Kavalleriedivision mit ihrer Artillerie: Kielze.

Die genaue Vertheilung der genannten Truppen sowie der übrigen in den Verband des Korps eintretenden Truppentheile erfolgt auf der anliegenden Dislokationsliste.

2.

Allgemeiner Sammelpunkt des Korps für den Fall eines Alarmes: bei dem Vorwerk Wiljtscha.

Im Falle eines Alarmes nehmen die Truppen die erste Troßstaffel und alle Patronenkarren³) mit sich; der Troß zweiter Staffel sammelt sich:

23. Infanteriedivision: in Kielze unter Bedeckung der 16. Kompagnie Infanterieregiments Nr. 92 und einer halben 6. Sotnie des 2. orenburgischen Kosakenregiments — unter Kapitän M.

24. Infanteriedivision: bei Vorwerk Noma unter Bedeckung der 8. Kompagnie Infanterieregiments Nr. 96 und einer halben 6. Sotnie unter Kapitän N.

45. Infanteriedivision: bei Zegelina unter Bedeckung der 12. Kompagnie Infanterieregiments Nr. 180 und einer halben 5. Sotnie unter Kapitän K.

Die dritte Staffel des Trosses nimmt Aufstellung nördlich von Kielze zwischen Vorwerk Klembotschka und der von Kielze nach Schidlowsk führenden Straße.

Sobald die Truppen des Korps nach dem allgemeinen Sammelpunkt abrücken, nehmen Aufstellung:

23. fliegende Artillerieparkbrigade \
14. beweglicher Artilleriepark / bei Dümina;

24. fliegende Artillerieparkbrigade \
7. und 15. beweglicher Artilleriepark / bei Schidlowsk.⁴)

3.

Bei Annäherung des Feindes rücken die Truppen in die südlich des Sammelplatzes gelegene Stellung von Morawize gemäß besonderer Disposition.

4.

Zur Sicherung des Quartier-Bezirkes des Korps werden folgende Abtheilungen bestimmt:

a) Rechte Avantgarde. — Generalmajor W.

    Infanterieregiment Nr. 89 — 4 Bataillone,
    Infanterieregiment Nr. 90 — 4 Bataillone,

Dragonerregiment Nr. 37 = 3 Eskadrons,
1., 2., 3. Batterie der 23. Artilleriebrigade = 24 Geschütze,
1. Kompagnie des 8. Sappeurbataillons = 1 Kompagnie.

Aufstellung bei Andrejew im Ortsbivak.

Das Detachement marschirt von Wiljtscha über Chenzinü und weiter auf der Chaussee Warschau=Krakau bis Andrejew.

Die vordere Sicherheitslinie wird aufgestellt in der Linie Kasina=Wobsislaw=Piotrokowize=Niegoslowice=Pawlowize.

Fliegende Patrouillen gehen auf Krakau und Niepolomize.

b) Mittlere Avantgarde. — Generalmajor G.

Infanterieregiment Nr. 91 = 4 Bataillone,
Dragonerregiment Nr. 37 = 2 Eskadrons,
4. u. halbe 5. Batterie 23. Artilleriebrigade = 12 Geschütze.

Aufstellung bei Kie im Ortsbivak.

Das Detachement marschirt von Wiljtscha über Cholupka und Wloschtschowize nach Kie.

Die vordere Sicherheitslinie wird vorgeschoben bis Pintschow und Wjeljetsch.

Fliegende Patrouillen gehen auf Bochnia und Brshsko.

c) Linke Avantgarde. — Oberst Sch.

Infanterieregiment Nr. 92 = 4 Bataillone,
Dragonerregiment Nr. 37 = 1 Eskadron,
halbe 5. u. 6. Batterie 23. Artilleriebrigade = 12 Geschütze,
2. Kompagnie 8. Sappeurbataillons = 1 Kompagnie.

Aufstellung bei Chmielnik im Ortsbivak.

Das Detachement marschirt von Wiljtscha auf der nach N. Kortschin führenden Chaussee bis Chmielnik.

Die vordere Sicherheitslinie wird vorgeschoben bis in die Höhe von Busk und hält Verbindung mit dem Kavalleriedetachement in Stopniza.

d) Kavallerieabtheilung bei Stopniza. — Oberst M.

Dragonerregiment Nr. 38 = 6 Eskadrons,
1. Zug der 20. reitenden Batterie = 2 Geschütze.

Das Detachement marschirt von Wiljtscha über Chmielnik bis Stopniza vor, bezieht hier Quartiere und verfährt nach besonderer Instruktion.

Fliegende Patrouillen werden vorgeschickt auf das rechte Weichsel=
ufer in der Richtung auf Tarnow, Lissa Gora, Dembiza und Mielez.

e) Kavallerieabtheilung bei Opatow. — Oberst K.

Dragonerregiment Nr. 39 = 6 Eskadrons,
2., 3. Zug 20. reitender Batterie = 4 Geschütze.

Das Detachement marschirt von Wiljtscha über Doleschize und
Lagow nach Opatow, bezieht hier Quartiere und verfährt nach beson=
derer Instruktion.

Fliegende Patrouillen werden vorgeschickt auf Zawichost, Rabbrshesie
und Baranow.

f) Zur unmittelbaren Sicherung der Eisenbahnlinien Iwangorod=
Kielze und Konst=Bodzechow wird das Infanterieregiment Nr. 181
bestimmt und die Feldgendarmerieeskadron Nr. 2 unter Oberst U.

5.

Der 14.¹) Telegraphenpark eröffnet Stationen an folgenden Punkten:

1. Andrejew — von der rechten Avantgarde bis zur mittleren
Avantgarde in Kie = 18 km.

2. Kie — von der mittleren Avantgarde bis zum Korpsstabe in
Vorwerk Witjscha — 19 km.

3. Chmieljnik — von der linken Avantgarde bis zur mittleren
Avantgarde in Kie 13 km.

4. Vorwerk Wiljtscha, Korpsstab.

6.

Sanitäts=Anstalten.²)

a) Bei jedem selbständigen Truppentheil wird eine Aufnahmestation
eröffnet;

b) die Divisionslazarethe und die den Divisionen zugetheilten be=
weglichen Feldhospitäler bleiben an ihren Aufstellungspunkten, ohne
eröffnet zu werden;

c) die dem Korps zugetheilten 6 beweglichen Feldhospitäler werden
an folgenden Punkten eröffnet:

Nr. 89 bei Morawize für linke und mittlere Avantgarde,

Nr. 90 bei Kowalja für die 45. Infanteriedivision,

Nr. 91 bei Dumina für die 24. Infanteriedivision, Korpsstab,
Sappeurbataillon und die bei Dumina stehenden Artillerieparks,

Nr. 92, 93, 94 in Kielze für die übrigen Truppentheile und alle
Anstalten.

7.

Meldungen an den Korpsstab (außergewöhnliche besonders) um 9 Uhr Morgens und 8 Uhr Abends.

8.

Die Divisionskommandeure und die Artillerie-Brigadekommandeure versammeln sich morgen früh 9 Uhr im Korpsstabe, um die Befestigung der Stellung des Korps zu besprechen für den Fall eines feindlichen Angriffs.

9.

Angaben über die Zahl der in der Verpflegung stehenden Mannschaften und über den Bestand der Verpflegungsvorräthe, ferner über die Zahl der Erkrankten täglich an den Korpsstab um 6 Uhr Abends.

10.

Das Alarmsignal wird durch angezündete Pechfackeln gegeben.

Der Korpskommandeur:
Generallieutenant A.

Der Chef des Stabes:
Generalmajor B.

Erläuterungen und Bemerkungen.

4. Die Grenzwache zerfällt in 31 Brigaden (26 im europäischen Rußland, 5 in Kaukasien) mit einer Durchschnittsstärke von 1000 Mann und 400 Pferden. Jede Brigade — in Abtheilungen, Detachements und Posten gegliedert — hat einen bestimmten Grenzabschnitt namentlich zur Verhütung des Schmuggels zu überwachen. Im Kriege werden die Grenzwachbrigaden in Verbindung mit den Truppen zum Grenzschutz verwendet. An der Südgrenze des Königreichs Polen stehen die Grenzwachbrigaden Tschenstochau, Sandomir und Tomaschew.

5. Der Truppentroß zerfällt in den Regimentstroß und den Divisionstroß; der Regimentstroß gliedert sich wieder in die 1. und 2. Staffel, während der Divisionstroß die 3. Staffel bildet.

Bei einem Infanterieregiment gehören zur 1. Staffel: 1 Kommandeurwagen à 3 Pferde, 8 Patronenkarren à 1, 4 Apothekerkarren à 1, 1 Sanitätswagen à 2, 4 Krankenwagen à 4, 6 Offizierskarren à 1; zur 2. Staffel: 25 Patronenkarren à 1, 32 Kompagniewagen à 2, 6 Regimentswagen à 2.

Bei einem Kavallerieregiment gehören zur 1. Staffel: 1 Kommandeurwagen à 3, 6 Patronenkarren à 1, 2 Apothekerkarren à 1, 2 Krankenwagen à 4, 6 Offizierskarren à 1; zur 2. Staffel: 6 Eskadronswagen à 2, 17 Regimentswagen à 2, 3 Karren à 1.

Die Artillerie hat keinen Regiments-, sondern einen Batterietroß, der sich ebenfalls in zwei Staffeln gliedert: 1. Staffel: Alle Munitionswagen (schwere Batterie 16, leichte 12), 1 Vorrathswagen, 1 Vorrathslaffette, 1 Krankenwagen, 1 Apothekerkarren, 1 Kommandeurwagen; 2. Staffel: 4 Batteriewagen, 3 Lebensmittelwagen (bei der reitenden Artillerie einige Abweichungen, namentlich je 6 Munitionswagen in der ersten und zweiten Staffel). — Um Mißverständnisse zu vermeiden, sei hier bemerkt, daß die erste Staffel des Batterietrosses sich taktisch wieder in die erste und zweite Wagenstaffel gliedert.

Der Divisionstroß einer Infanteriedivision zerfällt in die Allgemeine Abtheilung, die Proviantabtheilung und die Sanitätsabtheilung. — Die Allgemeine Abtheilung, 45 Fahrzeuge, dient zum Fortschaffen von Schanzzeug, Packsätteln, Bekleidung, Schuhwerk. Die Abtheilung zerfällt in 6 Züge verschiedener Stärke, von denen die vier ersten für die vier Infanterieregimenter, der 5. für die Artilleriebrigade, der 6. für den Divisionsstab und die eventuell zugetheilte Kavallerie bestimmt ist. — Die Proviantabtheilung besteht aus einem Ausgabetransport mit 150 Fahrzeugen und einem Reservetransport mit 165 Fahrzeugen; näheres hierüber später.

Die Sanitätsabtheilung besteht aus 1 Divisionslazareth und 2 beweglichen Feldhospitälern; näheres hierüber unter Nr. 8 der Erläuterungen.

Der Divisionstroß einer Kavalleriedivision hat eine Allgemeine Abtheilung mit 26 Fahrzeugen und einen Ausgabetransport mit 48 Fahrzeugen; Reservetransport und Sanitätsabtheilung fehlen hier.

Die erste Troßstaffel folgt bestimmungsmäßig den Truppen unmittelbar, d. h. in der Marschkolonne einer Brigade folgt der Troß erster Staffel des ersten Regiments dicht hinter diesem vor dem zweiten Regiment. Die zweite Troßstaffel folgt den fechtenden Truppen mit einem Abstande von je nach Umständen $\frac{1}{2}$ bis 8 km. Die dritte Staffel (Divisionstroß) folgt den Truppen auf einen Tagemarsch.

6. **Die Artillerieparks.** — Zu jeder Feldartilleriebrigade (à 48 Geschütze) gehört eine „Fliegende Parkartilleriebrigade", welche aus zwei Parks (Nr. 1 und 2) mit Infanteriemunition und aus

zwei Parks (Nr. 3 und 4) mit Artilleriemunition besteht. Ein Park mit Infanteriemunition enthält 24 sechsspännige Munitionswagen und fünf andere Fahrzeuge; ein Park mit Artilleriemunition enthält 48 sechsspännige Munitionswagen und acht andere Fahrzeuge. Jeder Park gliedert sich in zwei Halbparks, vier Züge und acht Sektionen. In der vorliegenden Studie treten auf die 23. und 24. fliegende Artillerieparkbrigade, welche zu den entsprechenden Feldartilleriebrigaden der 23. und 24. Infanteridivision gehören. — Ein beweglicher Artilleriepark enthält 20 Infanteriemunitionswagen, 28 Artilleriemunitionswagen und 8 andere Fahrzeuge; je zwei solcher Parks sind zur unmittelbaren Munitionsversorgung jeder Feldreservedivision zugetheilt, vertreten bei dieser also die Stelle der fliegenden Artillerieparkbrigaden. Außerdem wird jedem Armeekorps ein beweglicher Artilleriepark zugewiesen, welcher zur Füllung der fliegenden Artillerieparkbrigaden und zur Verbindung zwischen diesen und der im Rücken der Armee angelegten Feld- und Zwischenmunitionsdepots dienen soll. In der vorliegenden Studie treten drei bewegliche Artillerieparks auf: Nr. 7, 14 und 15, von denen zwei zur 45. Infanteriedivision gehören, während einer dem Korps unmittelbar zugetheilt ist.

7. Ein Militärtelegraphenpark — deren im allgemeinen jedem Armeekorps je einer zugewiesen wird —, besteht aus 43 Fahrzeugen (davon 4 Stations- und 24 Geräthwagen); er zerfällt in zwei Abtheilungen und vier Sektionen und vermag eine Leitung von 69 km Länge herzustellen. Derselbe ist außerdem mit einem Flußkabel von 520 m Länge, sowie mit einer Anzahl Telephone und Heliographen ausgerüstet. — Der in der Studie auftretende 14. Telegraphenpark eröffnet vier Stationen (höchste Stationszahl) mit 52 km Leitung, hat also einen Theil seiner Leitung noch verfügbar.

8. Sanitätsanstalten. — Die Aufnahmestationen oder Truppenlazarethe sind zur ersten ärztlichen Hülfeleistung bestimmt und werden auf dem Schlachtfelde in Verbandplätze verwandelt. Diese Stationen werden im Bedarfsfalle bei jedem selbständigen Truppentheil errichtet, der die nöthigen Bestände im Regimentstroß mitführt. Bei einem Infanterieregiment sind 16 Betten, bei einem Kavallerieregiment oder einer Artilleriebrigade 6 Betten vorgesehen. — Ein Divisionslazareth, welchem eine Krankenträgerkompagnie zugetheilt ist, entspricht dem deutschen Sanitätsdetachement. Es hat 8 vierspännige Krankenwagen, 15 zweispännige Lebensmittel- und Geräthwagen und 6 andere

Fahrzeuge. Das Divisionslazareth errichtet auf dem Schlachtfelde den Hauptverbandplatz und sorgt für den Transport der Verwundeten in die nächsten Heilanstalten. In der vorliegenden Studie treten drei Divisionslazarethe auf bei den drei Infanteriedivisionen. — Ein bewegliches Feldhospital mit 29 Fahrzeugen entspricht einem deutschen Feldlazareth und dient zur Heilung von Kranken und Verwundeten; es ist zur Aufnahme von 10 Offizieren und 200 Mann eingerichtet. — In der vorliegenden Studie treten im ganzen 12 bewegliche Feldhospitäler auf, von denen Nr. 45 und 46 der 23. Infanteriedivision, Nr. 47 und 48 der 24. Infanteriedivision, Nr. 87 und 88 der 45. Infanteriedivision, endlich Nr. 89, 90, 91, 92, 93 und 94 direkt dem Armeekorps zugetheilt sind.

4. Dislokation der Truppentheile des Korps.

Eine Wiedergabe der bis zu den einzelnen Kompagnien durchgeführten Dislokationsliste hat für unsere Zwecke keinen Werth; ich beschränke mich daher auf Angabe des Schemas dieser Liste.

Aus diesem ist für jeden Truppentheil zu ersehen:

1. Quartierort,
2. Entfernung desselben vom Regimentsstabsquartier,
3.   „   „   Divisionsstabsquartier,
4.   „   „   Korpsstabsquartier,
5. Sammelplatz des Bataillons ꝛc.,
6. Entfernung von hier bis zum Sammelplatz des Regiments,
7. Sammelplatz des Regiments,
8. Entfernung von hier bis zum Sammelplatz der Division,
9. Sammelplatz der Division,
10. Entfernung von hier bis zum Sammelplatz des Korps,
11. Angabe des zum Sammelplatz einzuschlagenden Weges.

Erläuterungen und Bemerkungen.

9. Die Dislokationsliste giebt uns Veranlassung, die Zusammensetzung des Korps etwas näher anzusehen.

Zu demselben gehören zunächst zwei Linieninfanteriedivisionen Nr. 23 und 24, jede aus 4 Regimentern zu je 4 Bataillonen zu je 1000 Mann bestehend; die Zusammensetzung dieser Divisionen ist die ganz regelmäßige in der richtigen Nummernfolge, d. h. die 23. Division hat die Regimenter Nr. 89, 90, 91 und 92 u. s. w. — Die außerdem zum Korps gehörende 45. Infanteriedivision ist eine Reservedivision, d. h. dieselbe wird erst bei Eintritt der Mobilmachung aus der Reservekadrebrigade der gleichen Nummer entwickelt. — Die Nummern der Liniendivisionen — abgesehen von der Garde und den Grenadieren — gehen von 1 bis 41, die Nummern von 42 an bedeuten Reservedivisionen, deren Kriegsstärke übrigens dieselbe ist wie die der Liniendivisionen. — Die Zahl der in der Front stehenden Gewehre — also nach Abrechnung der Spielleute, Offizierburschen und sonstigen Nichtstreitbaren — berechnet übrigens die vorliegende Studie pro Bataillon auf 822, pro Division auf 13952. — Der Regel nach müßte die 45. Division die Regimenter Nr. 177, 178, 179 und 180 enthalten — aus einer hier nicht näher zu erörternden Veranlassung hat sich indessen für die Reservedivisionen die Nummerfolge etwas verschoben und die 45. Division enthält thatsächlich die Regimenter 178, 179, 180 und 181.

Zu jeder Linieninfanteriedivision gehört eine Feldartilleriebrigade mit zwei (Nr. 1, 2) schweren und vier (Nr. 3, 4, 5, 6) leichten Batterien zu 8 Geschützen. Zu einer Reserveinfanteriedivision gehört eine Reserveartilleriebrigade mit nur einer (Nr. 1) schweren und drei (Nr. 2, 3, 4) leichten Batterien zu 8 Geschützen.

Die zum Korps gehörige 13. Kavalleriedivision hat die regelmäßige Zusammensetzung: drei Dragonerregimenter (Nr. 37, 38, 39) zu 6 Eskadrons und ein Kosakenregiment (2. Orenburgisches) zu 6 Sotnien; die besondere Bezeichnung „2. Orenburgisches" lasse ich, da eine Verwechselung ausgeschlossen ist, im Verlauf der Darstellung fort und spreche nur von dem „Kosakenregiment". Die Gefechtsstärke einer Eskadron oder Sotnie ist auf 150 Pferde anzunehmen. Zur 13. Kavalleriedivision gehören ferner noch die 20. reitende Linien- und die 6. reitende donische Batterie zu je 6 Geschützen.

Zum Korps gehören ferner das 8. Sappeurbataillon mit 4 Kompagnien, das 4. Pontonierbataillon mit 2 Kompagnien, der 14. Telegraphenpark, eine Sektion (ein Zehntel) des 4. Feldingenieurparks und die 2. Feldgendarmerieescadron — außerdem die bereits genannten Parks und Anstalten.

5. Tagesbefehl (Prikasanije) Nr. 37.

Vorwerk Wiljlscha. 23. Juni, 1 Uhr Nachmittags.

In Ergänzung des Korpsbefehls vom heutigen Tage Nr. 174 befehle ich:

1. Nach Eintreffen in den angewiesenen Quartieren sind sofort Pechfackeln herzurichten und spätestens bis morgen früh an den am besten sichtbaren Punkten aufzustellen. Von dem Platz eines jeden solchen Fanals aus müssen mindestens zwei andere Fanale sichtbar sein. Herrichtung, Aufstellung und Sicherung der Fanale in jedem Regimentsbezirk ist Sache des Regimentskommandeurs.

2. Besichtigung und Ausbesserung der Wege und Aufstellen von Wegweisern ist in dem betreffenden Bezirk Sache des Regimentskommandeurs nach Anleitung des Korpsingenieurs.

3. Zur Errichtung einer fliegenden Post hat das Kosakenregiment folgende Mannschaften zu geben:

a) Linie Kie-Wloschtschowize-Cholupta-Morawize-Vorwerk Wiljtscha = 3 Posten mit 12 Mann.

b) Linie Andrejew-Kie = 4 Posten mit 16 Mann.

c) Linie Kie-Chmieljnik = 2 Posten mit 8 Mann.

Im Ganzen 36 Mann, dazu 5 Unteroffiziere. Letztere haben sich nach Empfang des Befehls sofort im Korpsstabsquartier zu melden.

4. Der Kommandeur der rechten Avantgarde stellt die Verbindung mit den Feldwachen her vermittelst der bei dem 37. Dragonerregiment befindlichen Heliographen; fehlt es an Instrumenten und Laternen zum nächtlichen Signalisiren, so wendet er sich dieserhalb an den 14. Telegraphenpark.

Der Stabschef des Korps:
Generalmajor B.

Der erste Adjutant:
Kapitän Sch.

6. Instruktion für den Kommandeur der rechten Avantgarde.

Vorwerk Wiljtscha.   23. Juni, 2 Uhr Nachmittags.

Euer Excellenz*) wollen mit dem Ihnen unterstellten Detachement — 8 Bataillone, 3 Eskadrons, 24 Geschütze, 1 Sappeurkompagnie — auf der Warschau-Krakauer Chaussée nach Andrejew marschiren und hier Ortsbivak beziehen.

Nach den von der Grenzwache eingegangenen Nachrichten haben bis jetzt feindliche Patrouillen die Grenze noch nicht überschritten; die Hauptkräfte des Feindes versammeln sich in der Linie Krakau-Tarnow.

*) In Rußland hat auch der Generalmajor den Titel „Excellenz".

Wahrscheinlich werden sich die Unternehmungen des Feindes gegen unser Korps richten, welches die Versammlung unserer Armee deckt — denn nur durch Ueberwältigung unseres Korps kann der Gegner hoffen, unsere Versammlung zu hindern und über die getrennten Theile unserer Armee herzufallen.

Von denjenigen Operationslinien, auf denen der Gegner gegen unser Korps vorgehen kann, ist die Warschau-Krakauer Chaussee, auf der Sie stehen, die längste — nichtsdestoweniger kann der Gegner sie zu seinem Vormarsch wählen.

Unter letzterer Voraussetzung wird Euer Excellenz zur Pflicht gemacht, in der Stellung von Andrejew den vorgehenden Feind nach Möglichkeit aufzuhalten, gegen bedeutend überlegene Kräfte aber das Gefecht nicht anzunehmen, sondern auf Chenzinü zurückzugehen.

Auf diesem Rückzug wollen Sie mehrfach Stellung nehmen und so den Gegner zwingen, aus der Marsch- in die Gefechtsordnung überzugehen; die Stellung von Chenzinü endlich ist auf das Aeußerste zu behaupten.

In dieser Stellung werden Sie unterstützt werden durch die in der Stellung von Morawize zwei Stunden von Chenzinü aufgestellten Theile des Korps.

Bei diesem Verfahren wird es Ihnen gleichzeitig möglich sein, die wahren Absichten des Feindes aufzuklären, d. h. ob er mit seinen Hauptkräften nach Chenzinü oder Morawize marschirt.

Jenachdem können die Theile des Korps derartig zu Ihrer Unterstützung nach Chenzinü in Marsch gesetzt werden, daß Sie bei Ihrem Eintreffen in der Stellung schon über dieselben verfügen können.

Bricht der Feind mit seinen Hauptkräften bei Chenzinü durch, so führt ihn dies zu seinem Ziel, d. h. er hat die Möglichkeit, die Versammlung unserer Armee zu verhindern — folglich hat dann unser Korps die ihm gestellte Aufgabe nicht gelöst.

Für den Widerstand gegen diesen Durchbruch des Feindes sind übrigens alle Vortheile auf Seiten der Vertheidigung, sowohl was die günstigen örtlichen Verhältnisse betrifft, als mit Rücksicht auf die Nähe des Gros unseres Korps, welches unter Umständen in ganzer Stärke in die Stellung von Chenzinü geworfen werden kann.

Die erfolgreiche Lösung der uns gestellten Aufgabe hängt also von der verständigen Ausnutzung der für die Vertheidigung vortheilhaften Verhältnisse ab.

Seine Excellenz der Korpskommandeur ist davon überzeugt, daß Sie diese Verhältnisse zu benutzen verstehen und daß Sie sich der ganzen Wichtigkeit der Aufgabe bewußt sind, dem Gegner in der genannten Stellung Stand zu halten.

Der Stabschef des Korps:
Generalmajor B.

7. Instruktion für den Kommandeur der Kavallerieabtheilung in Stopniza.

Vorwerk Wiljtscha. 23. Juni, 2 Uhr Nachmittags.

Nach den von der Grenzwache eingegangenen Nachrichten haben feindliche Patrouillen die Grenze noch nicht überschritten; die Hauptkräfte des Feindes versammeln sich in der Linie Krakau-Tarnow.

Unser bei Kielze stehendes Korps hat den Auftrag erhalten, zur Sicherung der Versammlung unserer Armee die Eisenbahnlinien Iwangorod-Kielze und Konsk-Bodjechow zu decken.

Zur Sicherung der Quartiere unseres Korps sind drei Avantgarden nach Andrejew, Kie und Chmieljnik vorgeschoben.

Euer Hochwohlgeboren mit dem Ihnen unterstellten Detachement — 6 Eskadrons, 2 Geschütze — sollen auf der Chaussee von Kielze über Chmieljnik bis Stopniza vorgehen, hier Ortsbivak beziehen und die vordere Sicherheitslinie gegen die Weichsel von Kortschin bis Bubziska vorschieben.

Fliegende Patrouillen sind zu entsenden nach dem rechten Weichselufer in der Richtung nach Tarnow, Lissa Gora, Dembiza und Mielez mit der Aufgabe, einerseits in den angegebenen Richtungen die Uebergänge über die Weichsel zu erkunden, andererseits den Ort der Versammlung der feindlichen Hauptkräfte festzustellen. Nach rechts haben Sie Verbindung zu halten mit der vorderen Sicherheitslinie der linken Avantgarde. Links von Ihnen steht bei Opatow eine andere Kavallerieabtheilung, deren Hauptaufgabe darin besteht, das Vorgehen kleiner feindlicher Abtheilungen zur Zerstörung der Eisenbahnlinie J.-K. und K.-B. zu verhindern.

Auf Unterstützung durch genannte Abtheilung haben Sie nicht zu zählen, sondern im Falle der Nothwendigkeit des Rückzuges haben Sie auf die linke Avantgarde bei Chmieljnik zurückzugehen.

Haben Sie stets im Auge, daß Ihre Aufgabe in der Erkundung des Gegners und in der Ueberwachung des Ihnen zugewiesenen Bezirkes besteht, nicht aber in der Herbeiführung von Zusammenstößen mit vorgeschobenen Abtheilungen des Feindes.

Bei dem Vormarsch starker feindlicher Kräfte in der Richtung von Kortschin auf Kielze haben Sie sich in kein Gefecht einzulassen, sondern auf die linke Avantgarde nach Chmielnik und mit derselben vereint dann weiter auf die Stellung von Morawize zurückzugehen, wo die Truppen unseres Korps dem weiteren Vormarsch des Feindes entscheidenden Widerstand leisten werden.

Euer Hochwohlgeboren wollen ferner sofort nach Ankunft in Stopniza und Aufstellung der vorderen Sicherheitslinie Anordnungen treffen, daß alle innerhalb des Ihnen zugewiesenen Gebietes vorhandenen Uebergangsmittel über die Weichsel mit Beschlag belegt und theils nach der Mündung der Nidsiza, theils nach Katae geschafft werden.

Der Stabschef des Korps:
Generalmajor B.

8. Instruktion für den Kommandeur der Kavallerie-Abtheilung in Opatow.

Vorwerk Wiljtscha. 23. Juni, 3 Uhr Nachmittags.

Euer Hochwohlgeboren wollen mit dem Ihnen unterstellten Detachement — 6 Eskadrons, 4 Geschütze — auf dem Wege von Wiljtscha über Doleschize und Lagow nach Opatow vorgehen, hier Ortsbivak beziehen und die vordere Sicherheitslinie nach Iwaniska, Wlostow und Stobolu vorschieben.

Fliegende Patrouillen sind zu entsenden nach Zawichost, Rabbrshesie, Baranow und Staschow mit dem Auftrage, in genannten Richtungen die Gegend sorgfältig aufzuklären und kleinen feindlichen Abtheilungen die Möglichkeit abzuschneiden, unbemerkt gegen die Eisenbahnlinien I.=K. und K.=B. vorgehen zu können. Nach den von der Grenzwache eingegangenen Nachrichten haben feindliche Patrouillen die Grenze noch nicht überschritten; die Hauptkräfte des Gegners sammeln sich in der Linie Kralau=Tarnow.

Um die Versammlung unserer Armee zu sichern, hat unser bei Kielze stehendes Korps den Auftrag erhalten, die Eisenbahnlinien I.=K. und K.=B. zu decken. Zur Sicherung der Quartiere des Korps sind

Avantgarden nach Andrejew, Kie und Chmielnik vorgeschoben. Nach Stopniza ist eine Kavallerieabtheilung entsendet worden mit der Aufgabe, die Weichsel von Kortschin bis Ratae zu beobachten und den Ort der Versammlung der feindlichen Hauptkräfte festzustellen.

Nach Lage der Dinge befindet sich also Ihre Abtheilung außerhalb der wahrscheinlichen Operationslinie des Gegners und folglich auch außerhalb der Sphäre des Zusammenstoßes mit den Hauptkräften desselben; Sie werden entweder nur mit kleinen Streifabtheilungen zu thun haben oder höchstens mit stärkeren Kavallerieabtheilungen, die zur Zerstörung der Bahnlinien J.-M. und K.-W. abgeschickt sind.

Der unmittelbare Schutz dieser Bahnlinien ist dem Infanterie-regiment Nr. 181 übertragen worden.

Sie haben also die genannten Bahnlinien auf weiteren Abstand zu sichern und den Kommandeur des Regiments Nr. 181 rechtzeitig davon in Kenntniß zu setzen, wenn der einen oder der anderen der seinem Schutz anvertrauten Bahnlinien Gefahr droht. Zu diesem Zwecke wollen Euer Hochwohlgeboren eine fliegende Post von Opatow bis Bodjechow einrichten; von hier aus werden Ihre Mittheilungen telegraphisch nach dem Bahnknotenpunkt Wsin übermittelt werden, wo die mobile Reserve des Regiments Nr. 181 steht.

Sollten Sie mit numerisch überlegener feindlicher Kavallerie zu thun haben, so wollen Sie nach Ditrowez (Bodjechow) zurückgehen, wo Sie durch die mobile Reserve aus Wsin unterstützt werden.

Meldungen an den Korpsstab haben Sie täglich um 6 Uhr Morgens und 4 Uhr Nachmittags nach Bodjechow zu senden, von wo dieselben durch die Lokomotive du jour nach Kielze befördert werden. Außergewöhnliche Meldungen werden von der Station Bodjechow telegraphisch befördert werden.

Der Chef des Korpsstabes:
Generalmajor B.

9. Befehl für die rechte Avantgarde.

Großer Halt bei Wümüslow. 24. Juni, 1 Uhr Nachmittags.

Nach den aus dem Korpsstabe eingegangenen Nachrichten hat der Feind mit seinen Patrouillen die Grenze noch nicht überschritten; seine Hauptkräfte versammeln sich in der Linie Krakau-Tarnow.

Unser Korps steht in Quartieren in und um Kielze.

Die mir unterstellte Abtheilung hat den Befehl, Ortsbivack bei Andrejew zu beziehen. Demgemäß befehle ich:

1. Oberstlieutenant G. des Regiments Nr. 89 wählt einen Platz für die Aufstellung der Abtheilung aus; zu seiner Verfügung stehen von den Infanterieregimentern Nr. 89 und 90, sowie von jeder der drei Batterien je ein Offizier.

2. Die 1., 2. und 3. Eskadron Dragonerregiments Nr. 37 gehen noch heute bis Wodsislaw vor und stellen je eine Feldwache aus bei Kasina, Wodsislaw, Petrokowize, Niegoslowize, Wrazerisch und Pawlowize.*)

3. Oberstlieutenant L. des Dragonerregiments Nr. 37 wird zum Kommandeur der vorderen Sicherung ernannt; er entsendet je eine fliegende Patrouille auf Krakau und Niepolomize.

4. Oberst R. wird Kommandant von Andrejew.

5. Die Verbindung mit dem Korpsstabe unterhält der Telegraph auf der Linie Andrejew-Woliza-Jasionka-Motkowize-Kie (hier Standpunkt der mittleren Avantgarde) und dann über Wloschtschowize und Morewize zum Korpsstabe. Auf demselben Wege wird eine fliegende Post aufgestellt. Bei dem Abtheilungsstabe in Andrejew wird eine Station des 14. Telegraphenparks eröffnet.

6. Der Proviant für die Verpflegung der Abtheilung wird aus Kielze, Magazin Nr. 2, geliefert und zwar auf der Eisenbahn bis Andrejew.

Der Quartiermeister des Regiments Nr. 89, Stabskapitän M.,*) hat die Aufgabe, rechtzeitig den Proviant für die ganze Abtheilung zu liefern.

Zukost*) wird durch Vermittelung der Ortsbehörde von den Einwohnern geliefert für die Preise, welche durch Korpsbefehl vom 23. Juni Nr. 125 festgesetzt sind — worüber der Kommandant von Andrejew das Nöthige zu veranlassen hat.

7. Kranke sind auf der Eisenbahn von der Station Andrejew nach Kielze zu senden, wo die beweglichen Feldhospitäler Nr. 92, 93, 94 aufgestellt sind.

8. Meldungen an den Abtheilungsstab nach Andrejew um 8 Uhr Morgens und 7 Uhr Abends (außergewöhnliche Meldungen besonders).

9. Zwingt der Gegner die Kavallerievorposten zum Rückzug, so erfolgt dieser auf Andrejew.

Generalmajor W.

10. Instruktion für den Kommandeur der ersten fliegenden Patrouille.

Nach den aus dem Korpsstabe erhaltenen Nachrichten haben die feindlichen Patrouillen die Grenze noch nicht überschritten, die Hauptkräfte des Feindes versammeln sich in der Linie Krakau-Tarnow.

Im Hinblick auf die Unbestimmtheit dieser Nachrichten erhalten Euer Wohlgeboren den Auftrag, in der Richtung nach Krakau vorzugehen und sich davon zu überzeugen, ob in der Umgegend von Krakau starke feindliche Kräfte versammelt sind oder nicht. Was die annähernde Bestimmung der Stärkeverhältnisse des Gegners betrifft, so glaube ich, daß Euer Wohlgeboren sich auf die Nachrichten verlassen können, welche Sie von den in Galizien lebenden Russen erhalten.

Links nach Niepolowize ist eine zweite fliegende Patrouille entsendet, die Grenze Ihres Aufklärungsbezirkes ist also nach links durch den genannten Punkt gegeben — rechts durch die Festung Krakau.

Die erfolgreiche Lösung der Ihnen gestellten Aufgabe wird ausschließlich von der Heimlichkeit und Schnelligkeit Ihrer Bewegungen nach dem Uebergange über die Grenze abhängen, da Sie sich dann in der Sphäre der feindlichen Patrouillen befinden werden, die ohne Zweifel alle Maßregeln treffen, Ihnen den Weg zu verlegen.

Die erste Meldung nach der Feldwache bei Wodsislaw haben Sie nach Erreichung der Grenze abzusenden, dann von sechs zu sechs Stunden.

Geht der Feind mit beträchtlichen Kräften zum Angriff über, so wollen Sie im Auge behalten, daß unsere Abtheilung — die rechte Avantgarde bei Andrejew — sich in kein Gefecht einlassen, sondern auf der Warschau-Krakauer Chaussee in die Stellung von Chenzinü zurückgehen wird.

Kommandeur der Feldwache:
Rittmeister F.

Erläuterungen.

13. Die fliegende Patrouille (Ljetutschy rasjesd) entspricht unserer Offizierpatrouille und soll eine Stärke von 15 bis 20 Pferden haben, und nur ausgesuchte Mannschaften, die als „Raswjedschiks" oder „Aufklärer" besonders ausgebildet sind; jede Eskadron bietet in dieser

Beziehung das Personal für eine fliegende Patrouille. Ausgesandt werden soll die fliegende Patrouille der Regel nach von dem Vorpostenkommandeur, ausnahmsweise von dem Kommandeur der Feldwache. Angeordnet ist die Entsendung der fliegenden Patrouille in dem vorliegenden Falle allerdings durch den Korpskommandeur (Korpsbefehl Nr. 174); man hätte erwarten sollen, daß sie ihre nähere Instruktion etwa durch den Kommandeur des 37. Dragonerregiments (Vorpostenkommandeur) erhalten hätte. — Man darf annehmen, daß die Patrouille von der Hauptwache der 1. Eskadron gegeben wird und über die bei Wodsislaw stehende Feldwache Nr. 2 vorgeht.

Betrachten wir die Anordnungen, welche der genannte Korpsbefehl in betreff der Entsendung fliegender Patrouillen trifft, im Zusammenhang, so erhalten wir folgendes Bild:

Von der rechten Avantgarde bei Andrejew geht
    Patrouille Nr. 1 auf Krakau (70 km),
    Patrouille Nr. 2 auf Niepolomize (65 km).

Von der mittleren Avantgarde bei Kie geht
    Patrouille Nr. 3 nach Bochnia (70 km),
    Patrouille Nr. 4 nach Brshesko (70 km).

Die linke Avantgarde bei Chmielnik ist — wohl mit Rücksicht auf ihre sehr schwache Dotirung mit Kavallerie — von der Entsendung fliegender Patrouillen entbunden.

Von dem bei Stopniza stehenden Dragonerregiment Nr. 38 geht
    Patrouille Nr. 5 nach Tarnow (45 km),
    Patrouille Nr. 6 nach Liija Gora (40 km),
    Patrouille Nr. 7 nach Dombiza (54 km),
    Patrouille Nr. 8 nach Mielez (40 km).

Von dem bei Opatow stehenden Dragonerregiment Nr. 39 geht
    Patrouille Nr. 9 nach Baranow (33 km),
    Patrouille Nr. 10 nach Rabbrsheue (30 km),
    Patrouille Nr. 11 nach Zawichost (30 km).

Im Ganzen werden also gegen die 160 km lange Weichsellinie Krakau-Zawichost 11 fliegende Patrouillen vorgeschickt; die ihnen gegebenen Direktionspunkte liegen an der westgalizischen Bahn.

Mit Ausnahme der beiden äußersten Flügelpatrouillen, welche auf Krakau und Zawichost dirigirt sind, müssen alle anderen Patrouillen zur Erfüllung ihrer Aufgabe die Weichsel überschreiten. Auf die Be nutzung der im Friedensverhältniß vorhandenen Fähren ist unter den gegebenen Umständen allerdings nicht zu rechnen — immerhin sind die Fährstellen die angezeigten Punkte des Uferwechsels.

Derartige Fährstellen sind vorhanden:
bei Niepolomize für Patrouille Nr. 2,
bei Swinarow für Patrouille Nr. 3 u. 4,
bei Opatowez für Patrouille Nr. 5 u. 6,
bei Schtschutschin für Patrouille Nr. 7 u. 8,
bei Baranow für Patrouille Nr. 9,
bei Nabbrsheße für Patrouille Nr. 10.

Im Uebrigen wird darauf aufmerksam gemacht, daß das Durchschwimmen großer Wasserläufe von der russischen Kavallerie vielfach geübt wird; auch führt jede Eskadron 6 Paar Lederschläuche zur Erleichterung des Durchschwimmens von Flüssen mit sich.

11. Korpsbefehl Nr. 182.

Vorwerk Wiljscha. 30. Juni, 1 Uhr Nachmittags.

Nach den von unseren Patrouillen eingegangenen Nachrichten haben feindliche fliegende Patrouillen die Grenze überschritten; die Hauptkräfte des Gegners versammeln sich in der Umgegend von Krakau.

Die Truppen des mir unterstellten Korps werden ein Bivak beziehen nördlich von Bieljezse-Mlünü zwischen dem Poblejsna-Bach und der Chaussee Kielze-N.-Kortschin.

1. Die Vertheilung der Truppen im Bivak erfolgt nach Anweisung des Oberstlieutenants N. des Generalstabes, zu dessen Verfügung zu stellen sind: von jedem Bataillon 2, von jeder Eskadron 1, von jeder Batterie 2 Unteroffiziere.

2. Die Plätze für die Küchen, zum Baden, zum Waschen der Wäsche, zum Schlachten, zum Vergraben der Eingeweide und für die Latrinen werden von demselben Stabsoffizier angewiesen werden.

3. Die Handhabung des inneren Sicherheitsdienstes im Bivak erfolgt nach beiliegender Bestimmung.

4. Zum Tagesdienst[*]) wird bestimmt:
Infanterieregiment Nr. 94   4 Bataillone,
1 Batterie der 24. Artilleriebrigade = 8 Geschütze.

Diese Truppentheile stehen im allgemeinen Biwak. Bei Alarm besetzt der Truppentheil du jour die Höhen bei dem Dorfe Morawize zwischen diesem und der Chaussee Kielze-N.-Kortschin.

5. Die Avantgarden des Korps bleiben an ihren bisherigen Aufstellungspunkten, beziehen aber Biwaks.*) Ihre vorderen Sicherheitslinien bleiben stehen.

6. In der Absicht, dem Feinde in der Stellung von Morawize entgegenzutreten, beauftrage ich den Kommandeur des 8. Sappeur-Bataillons, unter Leitung des Korpsingenieurs nach Maßgabe des von mir bestätigten Entwurfes Befestigungen anzulegen und die Stellung in Vertheidigungszustand zu setzen.

7. Ueber die Truppen der Avantgarden und der detachirten Abtheilungen wird noch vor dem Zusammenstoß vermittelst einer besonderen Disposition verfügt werden.

Erläuterungen.

14. Truppentheil vom Tagesdienst (du jour). — Der innerhalb einer ruhenden Truppenabtheilung zu bestimmende Truppentheil vom Tagesdienst (tschastj deshurnaja) hat die Aufgabe, bei Eintritt eines Alarms zu sofortiger Verwendung bereit zu sein. Als Grundsatz gilt in Avantgarden und sonstigen vorgeschobenen Abtheilungen etwa ein Sechstel, in weiter rückwärts gelegenen Abtheilungen etwa ein Zehntel der vorhandenen Stärke zum Tagesdienst zu bestimmen. Im Allgemeinen wird zu diesem Dienst nur Infanterie und Artillerie bestimmt, Kavallerie nur ganz ausnahmsweise. Grundsatz ist ferner, daß dieser Truppentheil nur zum unmittelbaren Schutz seines eigenen Gros defensiv auftritt durch sofortige Besetzung einer geeigneten Stellung, daß er aber nicht etwa zur Unterstützung anderer Abtheilungen vorgeht.

Die zum Tagesdienst kommandirte Infanterie hat nur den Tornister abgelegt, ist im Uebrigen aber Tag und Nacht vollkommen marschbereit; die Mannschaften bleiben dicht bei den Gewehren. Bei der Artillerie sind die Pferde angeschirrt, aber nicht angespannt; sie werden abtheilungsweise zur Tränke geführt. Bei der Kavallerie sind die Pferde gesattelt aber abkandart.

Die Kommandirung eines Truppentheils zum Tagesdienst erfolgt im Allgemeinen auf 24 Stunden.

---

*) Sie waren bisher in Ortsbiwaks untergebracht.

12. Bestimmung über den inneren Sicherheitsdienst im Bivak des Korps.

Die dem Korpsbefehl Nr. 182 in sehr eingehender Tabellenform beigefügte Uebersicht über die Regelung des Sicherheitsdienstes im Bivak des Korps — in welchem 7 Infanterieregimenter, ein Theil des Kosaken= regiments und 11 Batterien zusammengezogen sind — wird hier nicht in der ursprünglichen Form mitgetheilt, sondern es wird nur der Inhalt unter gleichzeitiger Hinzufügung der erforderlichen Erklärungen zusammen= gestellt.

Die von den bivakirenden Truppen gegebenen Wachen zerfallen in drei Kategorien:

1. Eine Anzahl von Feldwachen (polewoi karaul) sichern das Bivak nach außen durch eine Kette von Doppelposten. Eine solche Wache steht unter einem Offizier, hat außerdem 2 Unteroffiziere, 1 Spiel= mann, 2 Aufführende, 1 Ordonnanz, 1 einfachen Posten vor dem Ge= wehr und je nach Umständen einige — meist 2 oder 3 — Doppelposten; alle Posten in dreifacher Ablösung. — Feldwachen werden nicht von jedem Regiment gegeben.

2. Jedes Regiment stellt eine hintere Wache (sadnij karaul), welche die Rückseite des Regimentsbivaks sichert; sie besteht aus 1 Unter= offizier, 1 Aufführenden, 1 einfachen Posten am Regimentstroß und 1 einfachen Posten vor den Arrestanten. — Bei Regimentern, welche im hinteren Treffen des Bivaks ihren Platz haben, treten zu dieser Wache je nach Umständen ein oder mehrere Doppelposten hinzu, welche zu der das Bivak nach außen hin umgebenden Postenkette gehören; zu diesen Doppelposten gehört dann auch ein zweiter Aufführender.

3. Jedes Regiment stellt eine Bivakswache (biwatschij karaul), welche zur Aufrechterhaltung der inneren Ordnung dient; eine solche Wache hat 4 Unteroffiziere (darunter 2 als Patrouilleure), 1 Spiel= mann, 1 Aufführenden, 1 Ordonnanz, 1 einfachen Posten vor dem Gewehr, 1 einfachen Posten am Kassenwagen, 4 Mann als Patrouilleure.

Im vorliegenden Fall geben alle 7 Infanterieregimenter je eine Bivakswache in der Stärke von 4 Unteroffizieren, 1 Spielmann, 12 Mann.

Alle 7 Regimenter geben je eine hintere Wache in der Stärke von 1 Unteroffizier, 7 Mann — hierzu treten aber noch hinzu bei Regiment Nr. 95: 1 Aufführender und 3 Doppelposten — bei Regiment Nr. 96: 1 Aufführender und 2 Doppelposten.

Endlich stellen 3 Regimenter je eine Feldwache in obiger Zusammensetzung, und zwar Regimenter Nr. 93 und Nr. 180 mit je 3 Doppelposten, Regiment Nr. 94 mit 2 Doppelposten.

Im Ganzen stellen also die 7 Regimenter:

3 Feldwachen mit zusammen 3 Offizieren, 6 Unteroffizieren, 3 Spielleuten, 66 Mann — darunter 8 Doppelposten und 3 einfache Posten;

7 hintere Wachen mit zusammen 7 Unteroffizieren, 81 Mann — darunter 5 Doppelposten, 14 einfache Posten;

7 Bivalswachen mit zusammen 28 Unteroffizieren, 7 Spielleuten, 84 Mann — darunter 14 einfache Posten.

Im Ganzen 17 Wachen mit 3 Offizieren, 41 Unteroffizieren, 10 Spielleuten, 231 Mann. — Darunter 13 Doppelposten und 31 einfache Posten.

Das Bival hat eine Längenausdehnung von etwa 1600 m, eine Tiefe von etwa 600 m und ist mit einer Postenkette umgeben, welche auf einem Umfang von 5600 m aus 13 Doppelposten besteht; die durchschnittlichen Abstände der Doppelposten betragen also 430 m. Die Stellung dieser Posten wird folgendermaßen bewirkt:

Die Feldwache des auf dem rechten Flügel des ersten Treffens bivakirenden Regiments Nr. 93 stellt

2 Doppelposten nach der rechten Flanke,
1 Doppelposten nach der Front.

Die Feldwache des in der Mitte des ersten Treffens bivakirenden Regiments Nr. 94 stellt

2 Doppelposten nach der Front.

Die Feldwache des auf dem linken Flügel des ersten Treffens bivakirenden Regiments Nr. 180 stellt

1 Doppelposten nach der Front,
2 Doppelposten nach der linken Flanke.

Die hintere Wache des im zweiten Treffen bivakirenden Regiments Nr. 96 stellt

2 Doppelposten nach der Rückseite des Bivals.

Die hintere Wache des ebenfalls im zweiten Treffen bivakirenden Regiments Nr. 95 stellt

3 Doppelposten nach der Rückseite des Bivals.

Außer den bis jetzt aufgeführten Infanteriewachen stellt ferner jede der beiden Artilleriebrigaden eine Bivakswache zu 1 Unteroffizier, 1 Trompeter, 17 Mann — sowie das Kosakenregiment eine solche zu 1 Unteroffizier, 1 Trompeter, 15 Mann.

13. Disposition für die Besetzung der Stellung von Morawize.

Bivak bei Bijelezke-Mlünü. 1. Juli, 1 Uhr Nachmittags.

Nach den von unseren Patrouillen eingegangenen Nachrichten sind feindliche Patrouillen am linken Weichselufer erschienen, die Hauptkräfte des Feindes ziehen sich bei Krakau zusammen.

Im Falle einer feindlichen Offensive wird mein Korps auf den Höhen von Morawize Stellung nehmen, rittlings der Chaussee von Kielze nach N.-Korfschin, mit dem linken Flügel bis zum Podljesna-Bach, mit dem rechten bis zu der Höhe an dem Wege von Chelestow-Woida nach Morawize.

Die Eintheilung der Stellung in Abschnitte und die Vertheilung der Truppen auf letztere wird angeordnet wie folgt:

1. Rechter Abschnitt:

Von der Höhe an dem Wege Chelestow-Woida nach Morawize bis zur Chaussee Kielze-N.-Korfschin.

  Kommandeur: Generallieutenant C. der 21. Infanteriedivision.
  24. Infanteriedivision — 16 Bataillone,
  24. Artilleriebrigade — 48 Geschütze.

2. Linker Abschnitt:

Von der Chaussee Kielze-N.-Korfschin bis zum Podljesna-Bach.

  Kommandeur: Generallieutenant R. der 45. Infanteriedivision.
  45. Infanteriedivision — 16 Bataillone,
  45. Reserveartilleriebrigade — 32 Geschütze.

3. Allgemeine Reserve:

Steht an der Chaussee Kielze-N.-Korfschin westlich des Vorwerks Wiljtscha.

  Kommandeur: Generallieutenant S. der 23. Infanteriedivision.
  2. Brigade der 23. Infanteriedivision — 8 Bataillone,
  3., 4., 5. Batterie der 23. Artilleriebrigade — 24 Geschütze,
  2., 3., 4. Kompagnie des 8. Sappeurbataillons.

4. **Kavallerie:**

Steht westlich der allgemeinen Reserve.

Kommandeur: Generallieutenant P. der 13. Kavalleriedivision.

37. Dragonerregiment = 3 Eskadrons,
38. Dragonerregiment = 6 Eskadrons,
Kosakenregiment = 6 Sotnien,
1. Zug der 20. reitenden Batterie = 2 Geschütze,
6. Donische Kosakenbatterie = 6 Geschütze.

5. Bei dem Vorgehen überlegener feindlicher Kräfte geht die rechte Avantgarde auf der Warschau-Krakauer Chaussee in die Stellung von Chenziuü zurück, wo sie sich bis zum Eintreffen von Verstärkungen aus den Hauptkräften des Gros behauptet.

Läßt sich übersehen, daß der Gegner seine gesammten Kräfte zum Angriff auf die Stellung von Morawize führt, so wird dem Generalmajor W. vorgeschlagen, bei Chenziuü nur ein Beobachtungs=detachement zu belassen, mit seinem Gros aber nach der Stellung von Morawize abzurücken und hier in die allgemeine Reserve unter General=lieutenant T. zu treten.

6. Die mittlere Avantgarde geht vor überlegenen feindlichen Kräften, ohne das Gefecht anzunehmen, von Kie über Cholupla auf die Stellung von Morawize zurück und tritt zur allgemeinen Reserve.

7. Die linke Avantgarde geht vor überlegenen feindlichen Kräften, ohne das Gefecht anzunehmen, von Chmielnik auf die Stellung von Morawize zurück und tritt zur allgemeinen Reserve.

8. Die Kavallerieabtheilung bei Stopniza geht vor überlegenen feindlichen Kräften auf die linke Avantgarde nach Chmielnik zurück, setzt mit dieser den weiteren Rückmarsch auf die Stellung von Morawize fort und tritt hier in die allgemeine Reserve.

9. Sobald die Kavallerieabtheilung bei Opatow aus dem Korps=stabe die Nachricht von dem Vormarsche des Feindes gegen die Stellung von Morawize erhält, geht sie von Opatow über Lagow und Daleschize auf Vorwerk Wiltjicha zurück und tritt zur allgemeinen Reserve.

10. Das Infanterieregiment Nr. 181 und die Feldgendarmerie=eskadron Nr. 2 rücken — sobald sie aus dem Korpsstabe die Nachricht vom Vormarsch des Gegners gegen die Stellung von Morawize erhalten — mit Benutzung der Eisenbahn nach Kielze und marschiren von hier

bis in die Position, wo die Gendarmerieeskadron in die allgemeine Reserve tritt, das Regiment Nr. 181 aber in die Reserve seiner (der 45.) Division.

11. Zur Beobachtung der Flanken wird je eine Sotnie des Kosaken=regiments bestimmt.

12. Die 23. fliegende Artillerieparkbrigade und der 14. bewegliche Artilleriepark stehen bei Dunina; die 24. fliegende Artillerieparkbrigade und der 7. und 15. bewegliche Artilleriepark bei Schidlowek.

13. Alle sechs beweglichen Feldhospitäler der Divisionen werden in Sukow eröffnet.

14. Die sechs beweglichen Feldhospitäler des Korps werden in Kielze eröffnet.

15. Hauptverbandplatz bei dem Vorwerk Wiljticha.

16. Der Troß zweiter Staffel nimmt Stellung:

    23. Infanteriedivision: in Kielze;

    24. Infanteriedivision: bei Vorwerk Nowa;

    45. Infanteriedivision: bei Zegeljna.

Der Troß dritter Staffel:

    nördlich von Kielze zwischen Klambotschka und der Chaussee Kielze=Schidlowek.

17. Ich befinde mich in der Artilleriestellung bei dem Wäldchen südlich des Dorfes Podljesna.

Der Korpskommandeur:
Generallieutenant A.
Der Chef des Stabes:
Generalmajor B.

14. Disposition für die Truppen der 24. Infanteriedivision.

Bivak bei Bjeletzke-Mlünü.   1. Juli, 4 Uhr Nachmittags.

Im Falle eines feindlichen Angriffs besetzt unser Korps die Stellung bei dem Dorfe Morawize; die mir unterstellte Division besetzt den Theil der Stellung von der Höhe an dem Wege Chelsiom=Worda nach Moravize bis zur Chaussee Kielze=K. Kortschin. Demgemäß:

    1. Gefechtslinie.

        1. Brigade der 24. Infanteriedivision unter Generalmajor K. besetzt die genannte Stellung.

1. und 2. Batterie der 24. Artilleriebrigade unter Oberst R. nehmen Stellung auf der Höhe nördlich des Dorfes Morawize.
2. Reserve:
Generalmajor F.
  2. Brigade der 24. Infanteriedivision,
  3., 4., 5, 6. Batterie der 24. Artilleriebrigade
steht in der Senkung westlich des Wäldchens in der Nähe von Bresinü.
3. Links von uns: 45. Infanteriedivision unter Generallieutenant R., rechts beobachtet eine Sotnie des Kosakenregiments.
4. Je zwei Patronenkarren hinter den entsprechenden Bataillonen der Bataillons- und Regimentsreserven; die übrigen Patronenkarren bei der Reserve.
5. Verbandplatz im östlichen Theil von Bresinü.
6. Troß zweiter Staffel bei Vorwerk Nowa.
  Troß dritter Staffel nördlich von Kielze zwischen Klambotschka und der Chaussée Kielze-Schidlowek.
7. Ich werde mich in der Artilleriestellung nördlich von Morawize befinden.
8. Einrücken in die Stellung erfolgt auf besonderen Befehl.
Kommandeur der 24. Infanteriedivision, Generallieutenant C.
  Stabschef Oberst H.

15. Befehl für das Infanterieregiment Nr. 93.
Bivak bei Bjelezke-Mlünü.   1. Juli, 7 Uhr Nachmittags.

Im Fall eines feindlichen Angriffs besetzt unser Korps die Stellung bei dem Dorf Morawize. Die erste Brigade unserer Division steht in der Gefechtslinie; unser Regiment hat den rechten Flügel der Gefechtslinie des ganzen Korps — von der Höhe, auf welcher die Redoute erbaut ist, bis zum Dorf Morawize. Demgemäß:
1. Gefechtslinie. — Oberst E.
  1. und 2. Bataillon — 8 Kompagnien
  vertheidigt die Strecke von der Redoute bis zum Dorf Morawize.
2. Reserve. — Oberst H.
  3. und 4. Bataillon — 8 Kompagnien
  steht nördlich vom Dorf Morawize hinter der Höhe.
3. Links von uns werden zwei Batterien der 24. Artilleriebrigade stehen; rechts von uns beobachten Kosaken.

4. Das 1. Bataillon entsendet zwei Patrouillen: auf den Weg nach Chelestow-Woiba und auf die Höhe bei Riba.

5. Je zwei Patronenkarren hinter den Bataillons- und Regiments-reserven; die übrigen bei der Divisionsreserve in der Mulde westlich des Wäldchens.

6. Verbandplatz in Morawize nördlich der Redoute; Divisions-verbandplatz im östlichen Theil von Bresinü.

7. Troß zweiter Staffel bei Vorwerk Nowa.

8. Ich werde mich auf der Höhe befinden am Kreuzpunkt der Wege von Chelestow-Woiba nach Morawize und von Morawize nach Bresinü.

9. In die Stellung wird erst auf besonderen Befehl eingerückt.

Kommandeur des Infanterie-Regiments Nr. 93: Oberst J.
Regiments-Adjutant: Lieutenant W.

Erläuterungen.

15. **Aufstellung der Truppen in der Stellung von Morawize.** — Die in der Disposition für die 24. Division und in dem Befehl für das 93. Regiment gegebenen Bestimmungen geben über die Einzelheiten der Besetzung der Stellung von Morawize keine Auskunft; diese findet sich indessen in dem später folgenden Entwurf für die Befestigung der Stellung; ich stelle die bezüglichen Angaben, soweit sie die taktische Bestimmung der einzelnen Truppentheile betreffen, bereits hier zusammen.

Zunächst gebe ich indessen eine kurze Uebersicht über die für die taktische Gliederung der russischen Infanterie bestehenden reglements-mäßigen Festsetzungen.

Eine Kompagnie gliedert sich im allgemeinen in die Kette (meist 2 Züge mit einer Frontentwickelung von 400 m) und in die Kompagniereserve (die beiden anderen Züge geschlossen mit 400 m Abstand).

Ein Bataillon nimmt der Regel nach zwei Kompagnien in obiger Formation neben einander in die Gefechtslinie und behält (abermals mit 400 m Abstand) die beiden anderen Kompagnien als Bataillons-reserve zurück.

Ein Regiment entwickelt in erster Linie zwei Bataillone in obiger Formation neben einander; die beiden anderen Bataillone bilden dann mit 400 m Abstand die Regimentsreserve.

Entsprechend ist die Entwickelung der Brigade und der Division, welche übrigens entweder flügelweise oder treffenweise erfolgen kann.

Nach dem gegebenen Schema sind nun die verschiedenen Stufen: Feuerlinie, Kompagniereserve, Bataillonsreserve, Regimentsreserve u. s. w. gewissermaßen generelle Bezeichnungen für die verschiedenen Staffeln der Tiefengliederung geworden, so daß hinter der eigentlichen Feuerlinie „Kompagniereserve" die erste, „Bataillonsreserve" die zweite, „Regiments=reserve" die dritte ꝛc. Staffel der Reserve überhaupt bedeutet — wobei von dem Schema selbst bisweilen abgegangen werden kann.

Nach dem gegebenen Schema z. B. besteht innerhalb eines zum Gefecht entwickelten Regiments die Feuerlinie aus zwei Halbkompagnien des 1. und zwei Halbkompagnien des 2. Bataillons; ebenso die Kom=pagniereserve aus zwei Halbkompagnien jeder der beiden Bataillone, die Bataillonsreserve aber aus zwei ganzen Kompagnien des 1. und zwei ganzen Kompagnien des 2. Bataillons — statt dessen kann z. B. die Feuerlinie aus vier Halbkompagnien des 1. Bataillons bestehen, dann bilden die vier anderen geschlossenen Halbkompagnien des 1. Bataillons die „Kompagniereserve" und das ganze 2. Bataillon wird als „Bataillons=reserve" bezeichnet, d. h. als zweite Staffel der Reservegliederung über=haupt, während das 3. und 4. Bataillon dann „Regimentsreserve", d. h. dritte Staffel sind.

Nach dieser generellen Erläuterung gehe ich zur Darstellung der Truppengliederung in der Stellung von Morawize über.

24. Division — westlich der Chaussee Kielze=Kortschin.

Die beiden schweren Batterien der 24. Artilleriebrigade auf der Höhe nördlich von Morawize in 8 Deckungen zu je 2 Geschützen.

Regiment Nr. 93.

I. und II. Bataillon sind flügelweise neben einander entwickelt süd=westlich des Dorfes Morawize.

1. Kompagnie besetzt die den rechten Flügel der ganzen Stellung bildende Redoute; von hier nach links anschließend fünf Züge der 2. und 3. Kompagnie in Schützengräben bis zu dem von Chelestow=Woida

kommenden Wege; drei Züge der 2. und 3. Kompagnie bilden dahinter die Kompagniereserve; die 4. Kompagnie, hinter den Häusern von Morawize gedeckt, bildet die Bataillonsreserve.

Vom II. Bataillon stehen, links an das I. anschließend, je zwei Züge der 5. und 6. Kompagnie in Schützengräben; je zwei Züge dieser beiden Kompagnien, hinter den Häusern von Morawize gedeckt, bilden die Kompagniereserve; die 7. und 8. Kompagnie, westlich der Artilleriehöhe in einer Geländefalte, bilden die Bataillonsreserve.

III. und IV. Bataillon, noch weiter nördlich im Gelände gedeckt: Regimentsreserve.

Regiment Nr. 94.

Das I. Bataillon allein in der vorderen Linie entwickelt.

1. Kompagnie am Fuß der Artilleriehöhe in Schützengraben mit der Front nach Südosten.

2. Kompagnie ganz, 3. und 4. Kompagnie halb in Schützengräben auf dem Ostabhang der Artilleriehöhe — halbe 3. und 4. Kompagnie hinter dem Kamm als Kompagniereserve.

II. Bataillon am nördlichen Fuß der Artilleriehöhe als Bataillonsreserve.

III. und IV. Bataillon noch weiter nördlich in der Mulde gedeckt als Regimentsreserve.

Regimenter Nr. 95 und Nr. 96 mit 4 leichten Batterien: Divisionsreserve.

45. Division — östlich der Chaussee Kielze-Kortschin.

Alle 4 Batterien der 45. Reserve-Artilleriebrigade südlich des Dorfes Wiljtscha auf der Höhe dicht östlich der Chaussee in 16 Deckungen zu je 2 Geschützen.

Regiment Nr. 178 an und östlich der Chaussee südlich von Wiljtscha.

I. Bataillon: 1. Kompagnie mit 2 Zügen in dem durch ein Verhau verstärkten Rande des Wäldchens westlich der Chaussee; 2 Züge Kompagniereserve; 2. Kompagnie mit 2 Zügen in Schützengräben dicht an der Chaussee zur Bestreichung derselben, 2 Züge Kompagniereserve; 3., 4. Kompagnie dicht westlich der Chaussee Bataillonsreserve.

II. Bataillon staffelförmig auf den Höhen östlich des Dorfes Wiljtscha: 5. Kompagnie ganz in Schützengräben auf der vorderen

Höhe, 6. Kompagnie dahinter in der Schlucht als Bataillonsreserve; 7. Kompagnie ganz in Schützengräben auf der zurückgelegenen Höhe, 8. Kompagnie dahinter in der Schlucht als Bataillonsreserve. III. und IV. Bataillon als Regimentsreserve am oberen Ende der Schlucht.

Regiment Nr. 179.

In der Gefechtslinie nur I. Bataillon: 1. und 2. Kompagnie in der Redoute auf der einzelnen Höhe; 3. Kompagnie in der Lünette am südlichen Ausgange von Pobljeßna; 4. Kompagnie als Bataillonsreserve in Pobljeßna.

II., III. und IV. Bataillon als Regimentsreserve hinter der Höhe westlich von Pobljeßna.

Regimenter Nr. 180 und Nr. 181.

Divisionsreserve zwischen Vorwerk Wiljtscha und Pobljeßna gedeckt hinter den dortigen Höhen.

16. Entwurf für die Befestigungsarbeiten in der Stellung von Morawize.

Das Armeekorps besetzt die Höhen bei dem Dorfe Morawize rittlings der Kielzer Chaussee, Front nach Süden.

Bei Berechnung der Länge der Feuerlinien für die einzelnen Werke sind pro Kopf (der zunächst zur Besatzung bestimmten Stärke) 1¼ Schritt in Ansatz gebracht; hierbei ist auf die eventuelle Verstärkung der Feuerlinie durch Theile der Kompagnie- oder Bataillonsreserve gerechnet.

Wo nichts Besonderes bemerkt ist, erfolgt die Herstellung der Arbeiten ausschließlich mit dem tragbaren Schanzzeug.

Die Arbeitsleistung eines kleinen Spaten wird pro Stunde auf 15 Kubikfuß gerechnet, diejenige eines großen Spaten auf 20 Kubikfuß.

Hiernach wird folgender Arbeitsanschlag aufgestellt:

Stellung des Regiments Nr. 93.

Zum Bau der Redoute für die 1. Kompagnie werden bestimmt: die 1. Kompagnie selbst, die 4. Kompagnie der Bataillonsreserve und das I. Bataillon Nr. 95 aus der Divisionsreserve, im Ganzen also 6 Kompagnien, welche im Ganzen aus dem Depot erhalten: 675 große Spaten, 115 Beilpicken, 115 Hacken. Auf die Ausführung der Arbeit werden im Allgemeinen 4 Stunden gerechnet: die mit der Herstellung der Wolfsgruben beschäftigten 275 Mann werden hiermit in 2 Stunden fertig sein und die übrige Zeit darauf verwenden, für die Reserven die Zugänge zur Gefechtsstellung aufzuräumen.

Die 2. und 3. Kompagnie stellen die für sie bestimmten Schützengräben selbst her, ebenso die 5. und 6. Kompagnie.

Stellung des Regiments Nr. 94.

Für die 1. und 2. Kompagnie sind Schützengräben in ganzer Stärke, für die 3. und 4. Kompagnie in halber Stärke herzustellen, im Ganzen also Schützengräben für 12 Züge. Zur Herstellung dieser Arbeiten werden bestimmt die vier Kompagnien des I. Bataillons selbst und außerdem die 5. Kompagnie.

Artilleriestellung der 24. Division.

Für die Herstellung der acht Doppeldeckungen für je 2 Geschütze der 1. und 2. Batterie der 24. Artilleriebrigade sind erforderlich $2^1/_4$ Kompagnie; bestimmt werden dazu die 6., 7. und 8. Kompagnie Nr. 94; drei Züge der 8. Kompagnie räumen die Zugangswege zu der Stellung der Munitionskarren auf, welche gedeckt gegen Sicht hinter dem nordwestlichen Hange der Höhe Stellung nehmen.

Aufräumen des Dorfes Morawize.

Um der Artillerie sowie den Schützengräben des Regiments Nr. 94 ein günstiges Schußfeld zu verschaffen, sind 11 Gehöfte im südöstlichen Theil von Morawize niederzulegen.

Zur Niederlegung eines Gebäudes aus Fachwerk mit 20 Quadrat-Faschen (= 90 □m) Wandfläche müssen 60 Mann $2^1/_2$ bis 3 Stunden arbeiten; berücksichtigt man die schlechte Bauart der fraglichen Gebäude und rechnet man 6 Stunden Zeit, so kann man für jedes Gehöft 50 Mann, d. h. einen Zug, bestimmen. Für die 11 Gehöfte sind also zu bestimmen 3 Kompagnien; außerdem muß man 1 Kompagnie rechnen zum Einebnen der Trümmer. Für die Aufräumarbeiten in Morawize wird daher das II. Bataillon Nr. 94 bestimmt. Dasselbe empfängt aus dem Depot: 650 Aexte, 100 Brechstangen, 12 Kreuzhauen, 19 Beilpicken, 19 Hacken, 12 Sägen.

Stellung des Regiments Nr. 178.

Die für 2 Züge der 1. Kompagnie bestimmten Schützengräben werden von dieser Kompagnie selbst hergestellt; zur Herstellung des Verhaus werden bestimmt die 3. und 4. Kompagnie, welche aus dem

Depot 400 Beile empfangen; auf die Herstellung des Verhaus sind 2 Stunden Zeit gerechnet. Die Schützengräben für 2 Züge der 2. Kompagnie werden von dieser Kompagnie selbst hergestellt; die Schützengräben für die ganze 5. Kompagnie von der 5. und 6. Kompagnie; diejenigen für die ganze 7. Kompagnie von der 7. und 8. Kompagnie.

Stellung des Regiments Nr. 179.

Zum Bau der für 2 Kompagnien bestimmten Redoute sind erforderlich 1880 Arbeiter in 2 Ablösungen; für die vor der Redoute anzulegenden Wolfsgruben 550 Arbeiter ohne Ablösung; im Ganzen sind erforderlich 12 Kompagnien. Es werden dazu bestimmt die beiden Besatzungskompagnien (1. und 2. Nr. 177) und außerdem I. und II. Bataillon und 9. und 10. Kompagnie Nr. 180 der Divisionsreserve. Die Abtheilungen empfangen aus dem Depot: 1350 große Spaten, 230 Beilpicken und 230 Kreuzhauen.

Zum Bau der für die 3. Kompagnie bestimmten Lünette sind erforderlich 1600 Arbeiter in 2 Ablösungen; hierfür werden bestimmt die 3. und 4. Kompagnie Nr. 177 und die 11. und 12. Kompagnie Nr. 180 der Divisionsreserve. Die Abtheilungen empfangen aus dem Depot 800 große Spaten, 130 Beilpicken und 130 Kreuzhauen.

Artilleriestellung der 45. Division.

Zur Ausführung der 16 paarweisen Deckungen für je 2 Geschütze wird bestimmt das II. Bataillon und die 9. Kompagnie Nr. 179.

Aufräumung des Dorfes Bjelezke-Mlünü.

Um den Uebergang über die Schwarze Niba östlich der Chaussee besser unter Feuer nehmen zu können, ist die Niederlegung von zehn Gehöften des Dorfes Bjelezke-Mlünü nothwendig. Auf Grund der oben angestellten Erwägungen wird für diese Arbeit bestimmt das III. Bataillon Nr. 95; dasselbe empfängt aus dem Depot 650 Aexte, 100 Brechstangen, 12 Kreuzhauen, 19 Beilpicken, 19 Hacken und 10 Sägen.

Alle zur Befestigung der Stellung von Morawize erforderlichen Arbeiten werden demgemäß ausgeführt durch die in erster Linie befindlichen 4 Regimenter mit Unterstützung durch einen Theil der Divisions-Reserven, nämlich drei Bataillone Nr. 95 und des ganzen Regiments Nr. 180.

Rechnet man auf Abstecken der Linien und sonstige Vorarbeiten 2 Stunden, so wird die ganze Arbeit in 6 Stunden beendet sein.

Die bei dem Gros des Korps befindlichen beiden Sappeurkompagnien (die beiden anderen Kompagnien befinden sich bei der rechten und linken Avantgarde) werden auf alle Arbeiterabtheilungen zur Aufsicht vertheilt.

In den angegebenen Profilen sind die russischen Maaße beibehalten, 1 Fuß = 0,3048 m.

Erläuterung.

16. Schanzzeug. — Das tragbare Schanzzeug einer Kompagnie besteht aus 80 kleinen Spaten und 20 Beilen.

Das „Depot", aus welchem den arbeitenden Truppen großes Schanzzeug ausgegeben werden soll, wird gebildet durch die im Truppentroß von den einzelnen Truppentheilen mitgeführten Werkzeuge. Die Anzahl derselben beträgt für

1 Infanteriekompagnie: 10 große Spaten, 24 Aexte, 3 Beilpicken, 3 Hacken, 1 Brechstange.

1 Sappeurkompagnie: 144 große Spaten, 112 Aexte, 5 Beilpicken, 5 Hacken, 8 Kreuzhauen, 6 Brechstangen;

1 Eskadron: 8 große Spaten, 8 Aexte;

1 Batterie: 16 große Spaten, 16 Aexte, 4 Beilpicken, 4 Hacken, 2 Sägen.

1 Sektion ($^1/_{10}$) eines beweglichen Ingenieurparks: 600 große Spaten, 36 Aexte, 36 Beilpicken, 36 Hacken, 24 Kreuzhauen, 12 Brechstangen.

17. Vortrag des Stabschefs.

Nach den von unseren Patrouillen eingegangenen Nachrichten haben die Vortruppen des Feindes die Grenze noch nicht überschritten, aber fliegende Patrouillen sind am linken Ufer der Weichsel erschienen. Die Hauptkräfte des Feindes versammeln sich in der Umgegend von Krakau.

Die Lagerfestung Krakau gewährt der hier versammelten feindlichen Armee große Vortheile, sowohl im Sinne einer unmittelbaren Verstärkung der Kräfte, als auch im Sinne eines Stützpunktes, welcher der Armee die Auswahl unter einer ganzen Anzahl von Stellungen ermöglicht, die ausgedehnter sind, als sie ohne diesen Stützpunkt sein dürften.

Fassen wir die letzten über die Bewegungen des Feindes eingegangenen Nachrichten ins Auge, sowie die für ihn günstigen örtlichen

Verhältnisse, so dürfen wir daraus schließen, daß die Westgalizische Armee aller Wahrscheinlichkeit nach sich nicht offensiv, sondern defensiv verhalten wird. Voraussichtlich wird die feindliche Armee unseren Angriff in einer Stellung in der Nähe der Festung abwarten, und hier wird es zu einer die weiteren Operationen beider Theile entscheidenden Schlacht kommen.

Den vom Armeestabe gegebenen Weisungen entsprechend soll unser Korps als linkes Flügelkorps der in Westgalizien eindringenden Armee auf Tarnow vorgehen.

Die kürzeste Operationslinie in dieser Richtung ist die Chauffee Morawize-Chmielnik-Busk-N. Kortschin — dann von Kortschin bis Opatowez die Poststraße — dann von Ust-Jesnitskoje über Shabno und Jurkow auf Tarnow wieder Chauffee.

Zwecks bequemer Bewegung und Verkürzung der Marschkolonnen kann man bis zur Weichsel auf zwei Straßen marschiren:

Morawize-Pintschow-Busk-N. Kortschin — und Morawize-Chmielnik-Stopniza-N. Kortschin.

Die Bewegung der Avantgarden und vorgeschobenen Kavallerieabtheilungen wie auch der Hauptkräfte des Korps bis zum Uebergang über die Weichsel und nach demselben ist aus der beiliegenden Marschroute für alle Truppentheile ersichtlich.

Aus dieser Marschroute geht hervor, daß beiden Kolonnen der Hauptkräfte Avantgarden vorausgehen, von denen die rechte aus der früheren rechten Avantgarde bei Andrejew besteht, die linke aus der bisherigen mittleren und linken Avantgarde.

Die Bestimmung der linken Avantgarde ändert sich nach dem Weichselübergang; sie bildet dann eine „Seitenavantgarde" des Korps und wird aus folgenden Truppentheilen zusammengesetzt sein:

2. Brigade der 23. Infanteriedivision,
drei Batterien der 23. Artilleriebrigade,
Dragonerregiment Nr. 38,
20. reitende Batterie,
2. Kompagnie des 8. Sappeurbataillons —

während das Dragonerregiment Nr. 39 ein weiteres „Seitendetachement" bildet.

Am 5. Juli erscheinen unsere Truppen an drei Punkten des linken Weichselufers: bei Opatowez, Natac und Budsista — was den Gegner gewissermaßen über den von uns ins Auge gefaßten Hauptübergangspunkt stutzig machen wird.

In der Nacht vom 5. zum 6. Juli gehen alle drei Abtheilungen an den genannten Punkten über die Weichsel; das Gros des Korps marschirt am 6. nach Opatowez, geht am 8. über die Weichsel und erreicht am 9. Jurkow, während die Avantgarde Tarnow besetzt.

Bis zum Weichselübergang vollführt das Korps einen Frontalvormarsch, da es rechts durch die Nachbarkorps gesichert ist, links durch die Weichsel und durch das Detachement in Opatow.

Nach dem Weichselübergang vollführt das Korps einen frontalen Flankenmarsch. Die Bewegung ist als Flankenmarsch zu bezeichnen, weil unser den linken Flügel der in das feindliche Gebiet einbrechenden Armee bildendes Korps von aktiven Unternehmungen der Besatzung der Festung Przemysl bedroht ist.

18. Marschroute für die Bewegungen des Korps vom 3. bis 9. Juli.

Am 2. Juli haben alle Abtheilungen die uns bekannten Stellungen.

3. Juli.

Rechte Avantgarde von Andrejew nach Boguszyce (25 km),

Mittlere Avantgarde von Kie nach Walize (25 km),

Linke Avantgarde von Chmielnik nach Walize (10 km)

vereinigen sich hier als linke Avantgarde,

Stopniza-Detachement (Dragoner Nr. 38) nach Ratae (14 km)

Opatow-Detachement (Dragoner Nr. 39) nach Staschow (35 km),

Gros des Korps: bleibt bei Morawize.

4. Juli.

Rechte Avantgarde nach Kortschin (25 km),

Linke Avantgarde nach Weljka (23 km),

Stopniza-Detachement bleibt in Ratae,

Opatow-Detachement: Dragoner Nr. 39 nach Budjiola (25 km),

4 Geschütze der 20 reitenden Batterie nach Ratae,

Gros: rechte Kolonne (24. Division) nach Pintschow (25 km),

Gros: linke Kolonne (45. Division) nach Kotlize (25 km).

5. Juli.

Rechte Avantgarde: nach Opatowez (9 km),

Linke Avantgarde: nach Ratae (6 km),

drei Eskadrons Dragoner Nr. 37 nach Opatowez,

Linkes Seitendetachement (Dragoner Nr. 39) bleibt bei Bubsiska,
Gros, rechte Kolonne: nach Bubsin (25 km),
Gros, linke Kolonne: nach Ssucha Wolja (23 km).

Nacht vom 5. zum 6. Juli.
Rechte Avantgarde,⎫
Linke Avantgarde, ⎬ Uebergang über die Weichsel.
Linkes Seitendetachement (Dragoner Nr. 39)⎭

6. Juli.
Rechte Avantgarde: Ust-Jesuitskoje (2 km),
Linke Avantgarde: Schtschutschin (3 km),
Linkes Seitendetachement: Ssurow (1½ km),
Gros, rechte Kolonne: Opatowez (18 km),
Gros, linke Kolonne: Opatowez (18 km).

7. Juli.
Ruhetag!

8. Juli.
Avantgarde: Shabno (16 km),
Linke Seitenavantgarde: Rabwan (6 km),
Linkes Seitendetachement: Wodowize (12 km),
Gros: Uebergang über die Weichsel bei Ust-Jesuitskoje.

9. Juli.
Avantgarde: Shabno (16 km),
Linke Seitenavantgarde: Lissa-Gora (21 km),
Linkes Seitendetachement: Shukowize (26 km),
Gros: Jurkow (21 km).

Erläuterungen.

17. Die dem Korps gegebene Marschrichtung wird nur verständlich bei näherer Betrachtung der topographischen Verhältnisse jener Gegend.

Der sumpfige Lauf der Nida hat südwärts der Eisenbahnlinie Kielze-Mysłowitz bis zur Weichsel nur drei für Truppenbewegungen brauchbare Uebergänge:

1. bei Motkowize (Weg von Andrejew nach Kie),
2. bei Pintschow (Straße Kielze-Morawize-Kie-Pintschow-Promoschize-Krakau),
3. bei N. Kortschin unmittelbar an der Mündung in die Weichsel.

Oeſtlich der Niba führen von Morawize aus zwei — in Folge des ſchwierigen Geländes (waldiges Hügelland) mehrfach im Zickzack laufende — Straßenzüge nach der Weichſel:
1. Morawize = Ric = Pintſchow = Boguzüze = Busk = Budſin = N. Kortſchin,
2. Morawize = Chmieljnik = Kotlize = Walize = Stopniza = Weljka-Natae.

Von Stopniza aus läuft eine Querverbindung über Sjucha-Wolja von dem zweiten nach dem erſten der beiden Parallelſtraßenzüge.

Der Vormarſch des Korps bis zur Weichſel iſt nun auf der Oſt-ſeite der Niba angeordnet.

Die bei Andrejew weſtlich der Niba ſtehende rechte Avantgarde ſetzt ſich durch ihren erſten Tagemarſch über Pintſchow nach Boguzüze auf die erſte der genannten Parallelſtraßen.

Die bei Chmieljnik auf der zweiten Parallelſtraße ſtehende linke Avantgarde folgt dieſer Straße über Walize, Stopniza und Weljka nach Natae.

Die bei Ric auf der erſten Parallelſtraße ſtehende mittlere Avantgarde, welche ſich der linken Avantgarde anſchließen ſoll, ſchiebt ſich auf ihrem erſten Tagemarſch von Ric quer nach der zweiten Parallel-ſtraße, die bei Walize erreicht wird.

Rechte Avantgarde und beide Kolonnen des Gros überſchreiten die Niba erſt dicht vor ihrer Mündung.

19. Inſtruktion für den Kommandeur der rechten Avantgarde.

Nachdem Euer Excellenz mit der Ihnen unterſtellten Abtheilung gemäß der ausgegebenen Marſchroute Opatowez erreicht haben (wo die übrigen 3 Eskadrons Dragoner Nr. 37 zu Ihnen ſtoßen werden) — wollen Sie in der Nacht vom 5. zum 6. Juli bei dieſem Punkt den Uebergang bewerkſtelligen.

Die vom Stopniza-Detachement ausgeführten Erkundungen haben über Breite, Tiefe, Schnelligkeit und Boden der Weichſel an dieſer Stelle folgende Notizen ergeben (dieſe Angaben ſind im Text ausgelaſſen); das jenſeitige Ufer iſt ſanft anſteigend und ſandig.

Die im Bereich der Thätigkeit des Stopniza-Detachements befind-lichen Uebergangsmittel waren von dieſem Detachement mit Beſchlag belegt; ein Theil dieser Uebergangsmittel befindet sich in der Mündung der Nibſiza hinter dem Wäldchen bei dem Dorfe Uſhutü. Dort wollen Sie am 5. Juli Flöße zuſammenſtellen und dieſe nach Opatowez ſchaffen.

Nachdem die Spitzen der Avantgarde über den Fluß geworfen ſind und Uſt Jeſuitskoje am jenſeitigen Ufer beſetzt haben, wollen Sie eine Floßbrücke ſchlagen, ſodaß das Korps zwei Brücken zu ſeiner Verfügung hat: die von Ihnen geſchlagene Floßbrücke und die Pontonbrücke.

Links von Ihnen, bei Natae, wird an demſelben Tage (6.) General=major S. übergehen, der bei dem Marſch unſeres Korps am rechten Weichſelufer die Seitenavantgarde des Korps bildet.

Der gewählte Uebergangspunkt bietet uns weſentliche taktiſche Vor=theile: die Höhenverhältniſſe der Ufer, die Möglichkeit, einen nahen Nebenfluß zum Transport der Brückenmaterialien zu benutzen, ein auf dem feindlichen Ufer gelegenes Dorf, welches einen natürlichen Brücken=kopf bildet. — Der Erfolg unſeres Unternehmens wird zum großen Theil von der verſtändigen Benutzung dieſer günſtigen Momente abhängen.

Nach den von unſeren Patrouillen eingegangenen Nachrichten haben die Vortruppen des Feindes die Weichſel nicht überſchritten, nur fliegende Patrouillen ſind am linken Ufer des Fluſſes erſchienen. Die Haupt=kräfte des Feindes verſammeln ſich in der Umgegend von Krakau. Am rechten Ufer derjenigen Weichſelſtrecke, auf welcher unſer Korps ſeinen Uebergang zu bewerkſtelligen beabſichtigt, iſt ein Zuſammenſtoß mit ſtärkeren feindlichen Kräften alſo kaum zu erwarten.

Nichtsdeſtoweniger wollen Euer Excellenz alle Maßregeln zur Siche=rung des Ueberganges treffen und dabei im Auge haben, daß Heimlich=keit und Schnelligkeit der Ausführung die Hauptbedingung für den Erfolg des Unternehmens ſind.

Erläuterungen.

18. **Brückenmaterial.**

Die Breite der Weichſel an der zum Uebergang der Hauptkräfte des Korps auserſehenen Stelle — Opatowez-Uſt Jeſuitskoje — iſt nicht näher angegeben; die Breite des Stromes auf der ganzen Strecke von Igolomia bis Zawichoſt ſchwankt zwiſchen 200 m und 350 m; die mindeſte Breite bei Opatowez iſt alſo 200 m.

Hier ſollen zwei Brücken hergeſtellt werden, eine Floß= und eine Pontonbrücke.

Das Material für die Floßbrücke soll von der am 5. Juli bei Opatowez eintreffenden Avantgarde zum größten Theil aus den in der Nähe befindlichen Waldungen gewonnen werden — eine etwas problematische Aufgabe.

Für die Pontonbrücke steht das Material des 4. Pontonierbataillons (2 Kompagnien mit rund 500 Mann) zur Verfügung; dasselbe ist auf 100 vierspännigen Wagen verladen und besteht aus 56 Halbpontons (44 Vorder-, 12 Mittelkasten), 6 Bockholmen, 36 Bockfüßen und dem entsprechenden Zubehör. Dieses Material reicht aus zum Schlagen einer Pontonbrücke von 200 m Länge, bei verringerter Tragfähigkeit bis zu 300 m Länge — sowie zum Herstellen einer Bockbrücke von 47 m Länge.

20. Instruktion für den Kommandeur der linken Avantgarde.

Nachdem Euer Excellenz mit der Ihnen unterstellten Abtheilung gemäß der ausgegebenen Marschroute am 5. Juli Ratae erreicht haben, wollen Sie in der Nacht vom 5. zum 6. Juli an diesem Punkt den Uebergang bewerkstelligen.

An demselben Tage (5. Juli) geht das Dragonerregiment Nr. 39, welches bei Ihrem bevorstehenden Vormarsch von Schtschutschin nach Tarnow ein Seitendetachement bildet, bei Budjiska schwimmend über die Weichsel und besetzt das am jenseitigen Ufer liegende Dorf Sjurom.

Rechts von Ihnen wird in der Nacht vom 5. zum 6. Juli bei Opatowez die Avantgarde unter Generalmajor W. übergehen, auch wird dort der Uebergang der Hauptkräfte des Korps erfolgen.

Nach den von unsern Patrouillen eingegangenen Nachrichten versammeln sich die Hauptkräfte des Gegners in der Umgegend von Krakau; nur fliegende Patrouillen desselben haben die Weichsel überschritten. Im Hinblick hierauf werden Sie bei Ihrem Uebergang voraussichtlich nur auf schwache Abtheilungen stoßen.

In Beherzigung der Regel, stets das weniger Günstige zu erwarten, werden indessen Euer Excellenz alle Vorsichtsmaßregeln treffen, um Ihren Uebergang zu sichern.

Nach bewerkstelligtem Weichselübergang wird Ihre Abtheilung die Seitenavantgarde des Korps bilden bei dem offensiven Vormarsch desselben gegen Tarnow.

Ueber die Beschaffenheit der Weichsel bei Ratae liegen folgende Angaben vor (diese Angaben sind im russischen Text ausgelassen).

Das jenseitige Ufer ist sanft ansteigend. Die Uferstrecke von Schtschutschin abwärts bis zum Wislokfluß ist zum Theil mit Wald bedeckt und von Kanälen und Dämmen vielfach durchschnitten.

Ein Theil der vom Stopniza-Detachement in Beschlag genommenen Uebergangsmittel befindet sich bei Ratae. Nordwestlich von Ratae liegt ein Wäldchen, welches Ihnen das nöthige Material zur Erbauung einer Floßbrücke liefern wird. Auf den aus den umliegenden Ortschaften zusammenzubringenden Fuhren sind die gefällten Stämme an das Weichselufer zu schaffen und zu Flößen zu verbinden.

Zum Bau der Brücke ist erst dann zu schreiten, wenn die auf Kähnen übergegangenen Abtheilungen sich auf dem jenseitigen Ufer festgesetzt und Schtschutschin besetzt haben.

21. Disposition für den Vormarsch des Korps auf Tarnow.
Biwak bei Ust Jesuitskoje. 8. Juli, 5 Uhr Nachmittags.

Die Hauptkräfte des Feindes versammeln sich in der Umgegend von Krakau; seine vorgeschobenen Patrouillen sind nach dem Uebergange unseres Korps über die Weichsel nach Süden zu auf die Linie Radlow-Shabno-Dombrowa-Sharowla zurückgegangen.

Unser Nebenkorps hat Sjeroslowize erreicht und bringt auf Bochnia vor.

Morgen, am 9. Juli, haben die Truppen des mir unterstellten Korps den offensiven Vormarsch auf Tarnow anzutreten — demgemäß befehle ich:

1. Avantgarde unter Generalmajor W.

8 Bataillone, 6 Eskadrons, 24 Geschütze, 1 Kompagnie Sappeure — bricht um 6 Uhr Morgens auf, marschirt auf der Chaussee über Riedomize und Wügoda auf Tarnow. Großer Halt bei Wügoda bis 2 Uhr Nachmittags. Nachtlager bei Tarnow.

2. Seiten-Avantgarde. — Generalmajor G.

8 Bataillone, 12 Eskadrons, 30 Geschütze, 1 Sappeurkompagnie — bricht um 6 Uhr Morgens auf, marschirt auf der Chaussee über Sjudkow auf Dombrowa und Lissa Gora. Großer Halt bei Dombrowa bis 2 Uhr Nachmittags. Nachtlager bei Lissa Gora.

3. Gros. — Generallieutenant C.

32 Bataillone, 6 Sotnien, 86 Geschütze, 2 Sappeurkompagnien bricht um 6 Uhr Morgens auf, marschirt auf der Chaussee

über Zakonowize, Niezega, Shabno und Zurkow. Großer Halt bei Niezega bis 2 Uhr Nachmittags. Nachtlager bei Zurkow.

4. Die ganze zweite Staffel des Trosses — mit Ausnahme desjenigen der Avantgarde, welcher dieser folgt — versammelt sich um 10 Uhr Morgens bei Ustje Jesuitskoje und marschirt hinter der Kolonne des Gros. Zur Bedeckung des Trosses werden bestimmt die 15. und 16. Kompagnie Nr. 178 und die erste Hälfte der 6. Sotnie.

5. Der Kommandeur der Seiten-Avantgarde läßt das von ihm abgezweigte Seitendetachement auf dem Wege über Rabomüsl und Sharowka auf Shulowize vorgehen, wo es zur Nacht Halt macht.

6. Der Kommandeur des Kosakenregiments entsendet 1 Sotnie in der Richtung auf Swinarowo zur Verbindung mit dem Nebenkorps.

7. Ich werde mich an der Spitze des Gros befinden.

Der Korpskommandeur: Generallieutenant A.

Der Chef des Stabes: Generalmajor B.

Erläuterungen.

19. **Sicherungen während der Bewegung.** Ein im Vormarsch begriffenes Truppenkorps sichert sich durch Vorschieben einer Avantgarde (avangard); diese wieder sichert durch eine Vorhut (peredowoi atrjäd), sowie durch Seitenabtheilungen (bokownje atrjädü), welche letztere auf Nebenwegen in gleicher Höhe mit der Vorhut marschiren. Die Vorhut sichert sich durch einen Vortrupp (golownüj atrjäd auch golownaja tschastj), welcher die eigentliche Sicherung durch Entsendung von Patrouillen bewirkt.

Im Ausdruck unterscheidet man Kavalleriepatrouillen (rasjesd, Mehrzahl rasjesdü) und Infanteriepatrouillen (patrulj, Mehrzahl patruli).

Die zur unmittelbaren Sicherung der Truppe (sowohl in der Bewegung wie in der Ruhe) dienenden Sicherheitspatrouillen (storoshewüj rasjesd, storoshewaja patrulj) werden bis auf 3 km (Kavallerie), bez. bis auf $\frac{1}{2}$ km (Infanterie) vorgeschoben.

Zur Aufklärung auf weitere Entfernungen und in besonderem, meist strategischem Sinne dienen die fliegenden Patrouillen (ljetutschije rasjesdü), worüber Näheres bereits unter Erläuterung Nr. 13.

Die in gleicher Höhe mit der Vorhut marschierenden Seitenabtheilungen sichern sich ihrerseits wieder durch Vortrupp und Patrouillen.

Ist die zu sichernde Abtheilung kleiner als etwa ein Regiment, so beschränkt sich die Sicherung auf Avantgarde, Vorhut und Patrouillen; bei noch kleineren Verhältnissen (Kompagnie, Eskadron) nur auf Vorhut und Patrouille; noch kleinere Abtheilungen sichern sich nur durch Patrouillen.

Die Stärke der Avantgarde soll im Allgemeinen $^1/_6$ bis $^1/_4$ des Ganzen betragen. — Der Vorsprung der Avantgarde vor dem Gros wächst mit der Stärke des letzteren und kann bis zu einem halben Tagemarsch und selbst mehr betragen; bei geringeren Stärkeverhältnissen beträgt der Abstand 1 bis 4 km.

20. **Marschtiefen-Berechnung** (annähernd in runden Zahlen). Abstände: zwischen den Kompagnien 10 Schritt, zwischen den Bataillonen und Eskadrons 50 Schritt, zwischen den Regimentern 100 Schritt, zwischen den Brigaden 200 Schritt.

Marschtiefen-Zahlen einer Division mit Artillerie:

16 Bataillone	à 320 ×	= 5120 ×	
2 schwere Batterien	à 715 ×	= 1430 ×	
4 leichte Batterien	à 600 ×	= 2400 ×	
Train erster Staffel		= 750 ×	(bei den Regimentern vertheilt)
Abstände:		1300 ×	

Zusammen: 11000 Schritt à 0,71 m = pp. 7800 m.

Das Gros des Korps besteht aus zwei Divisionen, von denen die eine (45.) allerdings zwei Batterien weniger hat; dafür treten aber außerdem hinzu: das Gros des Kosakenregiments, eine reitende Batterie, ein Sappeurbataillon und ein Pontonnirbataillon - man kann die Länge der Marschkolonne des Gros also auf rund 16 km veranschlagen.

Die zweite Troßstaffel einer normalen Infanteriedivision mit Artillerie (310 Fahrzeuge) hat eine Marschtiefe von etwa 2350 m; für diejenige des ganzen Gros können wir daher 4800 m bis 5000 m in Ansatz bringen. Für den Abstand, den die zweite Troßstaffel von der Truppenkolonne halten soll, ist bestimmungsmäßig ein Spielraum von $^1/_2$ bis 8 m gelassen (s. Erläuterung Nr. 5).

In der Marschdisposition für den 9. Juli ist der Aufbruch der Spitze des Gros auf 6 Uhr, der Aufbruch der Spitze der zweiten Troßstaffel vom Biwakplatze des Gros auf 10 Uhr festgesetzt. Letztere Bestimmung setzt voraus, daß die letzte Abtheilung des Gros um 10 Uhr den Marsch bereits angetreten hat; dieses wieder hat zur Voraussetzung, daß die Spitze des Gros im Laufe dieser 4 Stunden 16 km zurückgelegt hat — was im Allgemeinen nur unter günstigen Umständen anzunehmen ist.

22. Instruktion für den Kommandeur des linken Seitendetachements Oberst K.

Euer Hochwohlgeboren haben die Aufgabe, mit dem Ihnen unterstellten Detachement — 6 Eskadrons — die auf der Chaussee von Schtschutschin über Dombrowa und Lissa Gora auf Tarnow vorgehende Seitenavantgarde in der linken Flanke zu sichern.

Die Hauptkräfte des Korps gehen auf der Chaussee von Ust Jesuitskoje über Shabno nach Tarnow vor.

Seit wir die Weichsel überschritten, sind die feindlichen Patrouillen südwärts bis in die Linie Rablow-Shabno-Dombrowa-Sharowla zurückgegangen. Die Hauptmacht des Feindes versammelt sich in der Umgegend von Krakau; auf irgend bedeutende Kräfte des Gegners dürften Sie also nirgends stoßen, sondern nur auf vorgeschobene Patrouillen.

Allerdings ist das Erscheinen feindlicher Truppen von Przemysl her möglich, welche auf der Eisenbahn über Rsheichow und Dembiza vorgeschoben werden. Mit Rücksicht hierauf ist eine möglichst weit ausgreifende sorgfältige Aufklärung Ihrerseits nothwendig und wird in der für Sie ausgefertigten Marschroute die Entsendung von zwei fliegenden Patrouillen vorgeschlagen in der Richtung auf Dembiza, mit der Aufgabe: einerseits den Bahnkörper bei dem Eisenbahn-Knotenpunkt Dembiza zu beschädigen · andererseits die Eisenbahnbrücke über den Wislock zwischen den Stationen Dembiza und Tscharna zu zerstören. Durch Ausführung dieser Aufgabe werden Sie den Zweig Dembiza-Rabbrzesic der Galizischen Hauptbahn isoliren und die Eisenbahnverbindung zwischen Przemysl und Tarnow unterbrechen, mit anderen Worten also das Erscheinen feindlicher Truppen von Osten her wahrscheinlich verhindern.

Bei einem Zusammenstoß mit dem Gegner wollen Euer Hochwohlgeboren nur vor ausgesprochener Ueberlegenheit auf die Seitenavant garbe zurückgehen, andererseits aber mit ihren eigenen Kräften den Gegner aufzuhalten versuchen, kleine Abtheilungen desselben aber zurück= werfen und jedenfalls nicht vorbeilassen.

Ich befinde mich an der Spitze der Kolonne.

Meldungen erwarte ich alle 6 Stunden.

Der Kommandeur der Seitenavantgarde:

Generalmajor G.

III.

Administrativer Theil.

1. Uebersicht.

Die Grundlage aller in diesem Theil besprochenen Anordnungen bildet ein dem Korpskommandeur gehaltener

1. **Vortrag des Stabschefs,**

in welchem im Allgemeinen die Stärkeverhältnisse des Korps, die zu befriedigenden Bedürfnisse und die hierfür zu benutzenden Wege angegeben werden. Auf Grund dieser Angaben läßt sich der Korpskommandeur — zunächst im Hinblick auf die defensive Aufgabe des Korps — über die von den verschiedenen Zweigen der Verwaltung zu lösenden Aufgaben durch die betreffenden Organe orientiren und erläßt dann auf Grund der gemachten Vorschläge die bezüglichen Befehle:

2. **Vortrag des Korpsintendanten.**
3. **Korpsbefehl Nr. 175 über Regelung der Verpflegung.**
4. **Vortrag des Korpsartilleriechefs.**
5. **Korpsbefehl Nr. 183 über Regelung des Munitionsersatzes.**
6. **Vortrag des Korpsarztes.**
7. **Korpsbefehl Nr. 184 über Regelung der Sanitätsverhältnisse.**

Nachdem inzwischen die veränderte strategische Lage dem Korps nunmehr eine offensive Aufgabe zugewiesen, erfolgt zunächst eine Orientirung des Korpskommandeurs über die neue Lage durch

8. **Vortrag des Stabschefs.**
9. **Vortrag des Korpsintendanten.**
10. **Vortrag des Korpsarztes.**

Auf Grund der gemachten Vorschläge regelt

11. Korpsbefehl Nr. 185
den Munitionsersatz;

12. Korpsbefehl Nr. 186
die Verpflegungsverhältnisse;

13. Korpsbefehl Nr. 187
die Sanitätsverhältnisse.

Zum Schluß giebt ein

14. Vortrag des Stabschefs
die nöthigen Hinweise für eine Organisation der Etappenlinie, welche durch den

15. Korpsbefehl Nr. 194
angeordnet wird.

2. Vortrag des Stabschefs.

Das bei Kielze in Quartieren liegende Korps hat als Basis die Festung Iwangorod, mit welcher eine doppelte Verbindung vorhanden ist:

1. die Eisenbahnlinie Iwangorod=Radom=Kielze = 130 km,
2. die Chaussee Iwangorod = R.=Alexandria = Radom = Schiblowetz=Kielze = 143 km.

Auf dem ersten der genannten Verbindungswege — der Eisenbahn — erhält das Korps von der Basis aus alle von der Intendantur bereitgestellten Verpflegungsvorräthe; auch werden auf diesem Wege alle Kranken und Verwundete in das Innere des Landes zurückgeschickt.

Auf dem zweiten der genannten Verbindungswege — der Chaussee — ist die Etappenlinie einzurichten; auf diesem Wege geht das Korps im Falle des Rückzuges auf seine Basis zurück, weshalb auf den Etappenpunkten rechtzeitig Verpflegungs= und Futtervorräthe für die ganze etatsmäßige Zahl von Mannschaften und Pferden auf je 24 Stunden bereit gestellt werden müssen.

Aus den angegebenen Gründen erscheint die Chaussee als Hauptverbindung, die Eisenbahn als Hülfsverbindung.

Etatsmäßig¹) zählt das Korps

1 882 Generale, Offiziere und Beamte,
67 648 Mann,
4 957 Front=⎫
5 844 Artillerie= ⎬ 19 519 Pferde.
8 718 Troß= ⎭

Rechnet man hiervon ab die direkt von der Basis aus zu verpflegenden Formationen, nämlich

das Trainbataillon mit 5 Intendanturtransporten,
zwei Lokal=Artillerieparks und
zwölf Ersatzhospitäler —

so zählt der Verpflegungsstand des Korps

67 292 Mann und 17 336 Pferde —

dagegen der Gefechtsstand des Korps — unter Ausscheidung auch der ersten Troßstaffel:

1 231 Generale und Offiziere ⎫
51 429 Mann ⎬ 52 660 Köpfe,
4 774 Front= ⎫
2 591 Artillerie= ⎬ 7 365 Pferde.

An Feuerwaffen²) befinden sich in den Händen dieser Gefechtsstärke:

41 856 Gewehre der Infanterie,
3 103 Gewehre der Dragoner und Kosaken,
1 468 Gewehre der Genietruppen; ferner
3 894 Revolver, sowie
40 schwere Geschütze,
88 leichte Geschütze,
12 reitende Geschütze.

Für den Verpflegungsstand des Korps beträgt der Tagesbedarf an Proviant und Futter:

3 365 Pud³) Zwieback,
561 Pud Grütze,
193 Pud Salz,
26 Pud 11 Pfund Thee,
52 Pud 22 Pfund Zucker,
1 682 Pud Fleisch,
5 960 Pud Hafer,
4 334 Pud Heu.⁴)

Während der ersten Periode der Operationen erfolgt die Verpflegung der Truppen auf folgende Art:

Das Gros des Korps und die Avantgarden — aber ausschließlich der beiden Kavallerieabtheilungen bei Stopniza und Opatow — empfangen von der Intendantur aus den Ausgabemagazinen in Kielze: Brod, Grütze, Salz, Thee, Zucker und Hafer; die übrigen Bedürfnisse (Fleisch, Heu) werden von den Einwohnern gegen baare Bezahlung nach den (vom Korps) festgesetzten Preisen angekauft.

Die Abtheilungen in Opatow und Stopniza kaufen alle Bedürfnisse bei den Einwohnern.

Erläuterungen.

1. Die angegebenen Kopfstärken des Verpflegungs- bez. des Gefechtsstandes mit den etatsmäßigen Stärken aller in Frage kommenden einzelnen Formationen zu vergleichen, würde zwecklos sein; die angegebenen Daten dienen den weiteren Untersuchungen als Grundlage. In runden Zahlen zählt ein Infanteriebataillon und ein Kavallerieregiment etwas über 1000 Köpfe, eine Batterie im Durchschnitt etwa 200 Köpfe.

2. Die Schußwaffen. Als Bewaffnung der Infanterie ist durch Prikas vom 16. April 1891 das sogenannte „Dreiliniengewehr", Modell 91, bestimmt worden, ein Magazingewehr für 5 Patronen in stählernen Rahmen. Kaliber: 3 Linien = 7,62 mm; 4 Züge; Länge der Waffe mit Bajonett 1,73 m, Gewicht mit Bajonett 4,3 kg, Gewicht der Patrone 23,46 g; Anfangsgeschwindigkeit 610—620 m.

Durch Prikas vom 26. Dezember 1891 ist das gleichkalibrige, aber etwas kürzere und leichtere Dragonergewehr mit Bajonett für die reguläre Kavallerie (auch für die Genietruppen und Parkmannschaften der Feldartillerie) — und dieselbe Waffe ohne Bajonett bei den Kosaken eingeführt. Wie weit die Einführung der neuen Waffe zur Zeit thatsächlich gediehen, läßt sich nicht bestimmen. Theoretisch ist also für alle Gewehre die Munitionseinheit vorhanden.

Ein näheres Eingehen auf den Revolver und auf die Vertheilung der angegebenen Gesammtzahl auf die einzelnen Waffen wird — weil für unsere Zwecke werthlos — im Interesse besserer Gesammtübersicht hier und in der Folge unterbleiben.

Die nach dem letzten Kriege eingeführten Geschütze Modell 77 haben Gußstahlrohre mit Rundkeilverschluß. Man unterscheidet: 1. das schwere oder Batteriegeschütz, den sogenannten Neunpfünder; 2. das leichte Geschütz, den sogenannten Vierpfünder; 3. das reitende Geschütz; letzteres unterscheidet sich vom „leichten" Geschütz nur durch kürzeres Rohr und geringeres Gesammtgewicht.

Für das schwere bez. leichte (und reitende) Geschütz beträgt das Kaliber: 10,68 bez. 8,69 cm, — Gewicht der Granate: 11,8 bez. 6,4 kg, — Gewicht des Shrapnels: 12,5 bez. 6,86 kg, — Gewicht der Kartätsche: 12,3 bez. 6,8 kg, — Gewicht der Ladung: 1,84 bez. 1,4 kg. — Die Anfangsgeschwindigkeit beträgt für das schwere Geschütz 373 m, für das leichte 442 m, für das reitende 411 m.

Im Jahre 1892 wurde bestimmt, daß bei Neuanfertigungen das leichte Geschütz den Schraubenverschluß mit Liderung von Bange erhalten soll; das Rohr wird hierdurch etwas verkürzt und erleichtert, Aenderungen an Geschossen ꝛc. finden dadurch nicht statt. — Im Jahre 1893 ist diese Bestimmung auch auf die reitenden Geschütze ausgedehnt worden.

3. Die russischen Gewichtsangaben in jedem einzelnen Falle in unser Maaßsystem umzurechnen, empfiehlt sich nicht, da Uebersichtlichkeit und Verständlichkeit darunter leidet; die russischen Angaben sind daher überall beibehalten.

1 Pud = 40 russische Pfund = 16,38 kg,
1 russisches Pfund = 96 Solotnik = 0,41 kg,
1 Solotnik = 4,266 g.

4. Die hier aufgestellte Berechnung ergiebt sich aus der Kopfstärke des Verpflegungsstandes in Verbindung mit folgendem täglichen Einheitssatz:

2 Pfund Zwieback,
⅓ Pfund = 32 Solotnik Grütze,
11 Solotnik Salz,
1,5 Solotnik Thee,
3 Solotnik Zucker,
1 Pfund Fleisch,
13¾ Pfund Hafer,
10 Pfund Heu.

3. Vortrag des Korpsintendanten.

Unser bei Kielze in Quartieren stehendes Korps ist mit seiner Basis Iwangorod durch zwei Wege verbunden:
1. die Eisenbahn Iwangorod-Radom-Kielze = 130 km,
2. die Chaussee Iwangorod-R.-Alexandria-Radom-Kielze = 143 km.

Die Eisenbahn kann dazu benutzt werden, dem Korps von der Basis aus alle von der Intendantur bereitgestellten Verpflegungsbedürfnisse zu liefern: Mehl, Zwieback, Grütze, Salz, Thee, Zucker und Hafer. Die übrigen Bedürfnisse an Verpflegung und Futter: Fleisch, Gemüse, Sprit und Heu — können an Ort und Stelle von den Einwohnern gekauft werden.

Für den Verpflegungsstand des Korps von 67 292 Mann und 17 336 Pferden sind täglich erforderlich:

3 365 Pud Zwieback — oder dafür 3 812 Pud Mehl,
  561 Pud Grütze,
  193 Pud Salz,
   27 Pud Thee,
   53 Pud Zucker,
5 960 Pud Hafer,
4 334 Pud Heu.

Läßt man das Heu ganz aus der Rechnung fort, so ergiebt sich ein Gewicht von

10 606 Pud — wenn man Mehl, oder
10 159 Pud — wenn man Zwieback in Rechnung stellt.

Nimmt man die Tragkraft eines Güterwagens auf 600 Pud an, so sind zur Aufnahme eines eintägigen Bedarfs (ohne Heu) 18 Wagen erforderlich, wenn Mehl — oder 17 Wagen, wenn Zwieback verladen wird.

Ein Zug von 18 Wagen kann also den eintägigen Bedarf für das Korps aufnehmen.

Die Länge des Eisenbahnweges von Iwangorod bis Kielze beträgt 130 km; bei der Geschwindigkeit eines Güterzuges von 15 km in der Stunde braucht der Zug für diese Strecke also 9 Stunden, für Hin- und Rückweg zusammen aber 18 Stunden. Nimmt man ebensoviel Zeit an für Aufladen und Abladen, so erhalten wir für einen vollständigen Hin- und Rückweg des Zuges 36 Stunden oder 1$^1/_2$ Tag.

Will man den im Lauf dieser Zeit durch Verbrauch erfolgten Abgang ersetzen, so muß der Zug den Bedarf für $1\frac{1}{2}$ Tag laden, wozu 27 Wagen nöthig sind.

Das bei Kielze eintreffende Korps, welches keine eigenen Vorräthe mit sich führt, findet zunächst die Möglichkeit, sich aus den in Kielze vorhandenen Magazinen zu verpflegen; es handelt sich aber nun darum:
1. den täglichen Verbrauch zu ersetzen;
2. — ohne auf die Kielzer Magazine zurückzugreifen — derartige eigene Vorräthe anzusammeln, daß sobald als möglich das Korps mit dem vorschriftsmäßigen eisernen Lebensmittelbestande, 8 Portionen für den Kopf und 2 Haferrationen für das Pferd, ausgerüstet ist. Zu diesem Zweck sind also, abgesehen von dem täglichen Verbrauch, Vorräthe mit einem Gesammtgewicht von 45 512 Pud (nämlich 8×4199 und 2×5960) heranzuschaffen.

Das auf der Bahnlinie Iwangorod-Kielze verfügbare Material bietet die Möglichkeit, gleichzeitig zwei Züge zu je 25 Wagen, d. h. also mit einer Tragkraft von im Ganzen 30 000 Pud abzusenden.

Von diesen 30 000 Pud sind in runder Summe 16 000 Pud erforderlich, um den Abgang zu decken der durch den Verbrauch von $1\frac{1}{2}$ Tagesportionen entstanden ist; die überschießenden 14 000 Pud jeder Sendung geben also die Möglichkeit, durch eine dreimalige Wiederholung der Lieferung in obigem Umfange, also im Lauf von 4—5 Tagen, den bestimmungsmäßigen achttägigen Vorrath anzusammeln. Ist dies geschehen, so können die Lieferungen von Iwangorod auf den Ersatz des laufenden Bedarfs beschränkt werden; was über diesen Bedarf hinaus geliefert wird, dient zur Füllung der in Kielze anzulegenden Reservemagazine, aus denen später die „Intendanturtransporte" gefüllt werden.

Sobald die Quartiere bezogen, werden in Kielze zwei **Ausgabemagazine** errichtet und bei ihnen Bäckereien mit ortsüblichen Oefen. Sollte die Beschaffung des erforderlichen Brodes in dieser Art auf Schwierigkeiten stoßen, so werden die Truppen Feldbacköfen erbauen — wobei Folgendes zu berücksichtigen: der tägliche Bedarf an Brod beträgt 5047 Pud. Ein Feldbackofen liefert bei viermaliger Heizung täglich 40 Pud Brod; für das Ausbacken von 5047 Pud Brod sind also 126 Oefen erforderlich.

Das Sappeurkommando eines Regiments (d. h. die im Sappeurdienst ausgebildeten Mannschaften desselben) können in 24 Stunden 8 Feldbacköfen erbauen; zieht man die Sappeurkommandos von zwei

Infanteriedivisionen (8 Regimentern) zu dieser Arbeit heran, so kann die erforderliche Zahl von Backöfen in 48 Stunden erbaut sein. Rechnet man dann 24 Stunden zum Anheizen, so kann 4 Tage nach Beginn der Arbeit das erste Brod ausgegeben werden.

Auch die Avantgarden des Korps werden alle von der Intendantur bereitgestellten Verpflegungsbedürfnisse aus den Ausgabemagazinen in Kielze erhalten — nicht aber die Abtheilungen in Opatow und Stopniza, welche von den Magazinen zwei Tagemärsche entfernt sind; die örtlichen Hülfsmittel stellen übrigens die Deckung des Bedürfnisses durch Ankauf vollkommen sicher.

Erläuterungen.

5. Uebersicht über die Verpflegung der russischen Truppen. — Um nicht an zahlreichen einzelnen Stellen zusammenhangslose und deshalb schwer verständliche Notizen zu geben, mögen hier die wichtigsten Bestimmungen über die Verpflegung zusammengestellt werden.

Die Verpflegung setzt sich aus folgenden Bestandtheilen zusammen: 1. Proviant; 2. Zukost, nebst Thee und Zucker; 3. Branntwein oder Wein; 4. Zitronensäure oder Essig.

1. Proviant. — Die Tagesportion besteht aus 2 Pfund Zwieback und 32 Solotnik Grütze (Buchweizen-, Gersten-, Spelz-, Hafer- oder Hirsegrütze). In allen Fällen, wo die Umstände es erlauben, wird statt des Zwieback eine Brodportion von 3 Pfund ausgegeben. — Wenn es angängig erscheint, das Backen des Brodes bez. die Herstellung des Zwiebacks durch die Truppen selbst besorgen zu lassen, so wird pro Kopf und Tag eine Portion Roggenmehl ausgegeben, welche für Brodbacken aus 2 Pfund $25\frac{1}{2}$ Solotnik, für die Herstellung von Zwieback aus 2 Pfund $56\frac{1}{2}$ Solotnik besteht.

2. Die Gebührnisse an Zukost (Fleisch, Fett, Gemüse, Gewürz) sowie an Thee und Zucker werden meist (an die Truppentheile) in Geld, ausnahmsweise in natura verabreicht. — Die Fleischportion, welche im Frieden nur $\frac{1}{2}$ Pfund beträgt, soll im Kriege aus 1 Pfund bestehen; für die anderen Bestandtheile der Zukost sind für die Kriegszeit keine besonderen Bestimmungen gegeben, es gelten also im Allgemeinen die Bestimmungen für den Frieden, nach welchen zur Herstellung warmer Kost für den Kopf verwendet werden soll (außer der zum

Proviant gehörenden Grütze): 72 Solotnik Sauerkohl oder 60 Solotnik Erbsen oder 180 Solotnik Kartoffeln — ferner 10 Sol. Fett, 11 Sol. Salz, 3 Sol. Zwiebeln, 0,1 Sol. Pfeffer oder sonstiges Gewürz. Unter Umständen kann die Zukost zum Theil in Konserven verabreicht werden. — Kann die volle Brodportion nicht ausgegeben werden, so tritt dafür wenn möglich eine Erhöhung der Fleischportion ein, und zwar für je ein 1 Pfund Brod weniger wird gerechnet ¹/₄ Pfund Fleisch mehr. — Die Tagesportion Thee beträgt 1¹/₂ Sol., die Tagesportion Zucker 3 Solotnik; im Bedarfsfalle kann der Thee durch 5 Solotnik Kaffee ersetzt werden. — Die den Truppen zur Beschaffung der Zukost meist gezahlten Geldgebührnisse setzen sich aus zwei Theilen zusammen: einem veränderlichen, je nach den Marktpreisen festzustellenden Betrage für 1 Pfund Fleisch), 11 Sol. Salz, 1¹/₂ Sol. Thee, 3 Sol. Zucker — und einem unveränderlichen Theil von 3 Kopeken pro Kopf zur Beschaffung von Gemüse und Fett. Diese hier angegebene einfache Zukostgebühr kann unter Umständen um die Hälfte oder mehr verstärkt werden.

3. In besonderen Fällen gehört zur Tagesportion auch Branntwein, und zwar nach Umständen ein ganzes oder ein halbes Glas (Tscharka). Auf 1 Eimer (Wjedró) = 12,29 Liter werden 80 „Glas" gerechnet, also 1 Glas = 0,153 Liter. — Der genußfertige Branntwein soll 40%₀ Sprit enthalten, es empfiehlt sich aber, denselben in der Stärke von 80%₀ Sprit mitzuführen und vor der Ausgabe an die Mannschaften durch Zusatz von Wasser auf den bestimmungsmäßigen Gehalt zu verdünnen. — Im Bedarfsfalle kann 1 Glas Branntwein durch 4—5 Glas Traubenwein oder Bier ersetzt werden — oder auch durch ¹/₂ Glas Rum, Arak oder Cognac.

4. Zitronensäure oder Essig soll im Troß erster Staffel als Nothbehelf mitgeführt werden zur Verbesserung schlechten Trinkwassers.

6. Der von den Truppen mitgeführte eiserne Verpflegungsvorrath zerfällt in den getragenen (im Tornister oder am Sattel) und in den gefahrenen (in den Troßfahrzeugen) Vorrath; der gefahrene Vorrath zerfällt wieder in den Vorrath des Regimentstrosses und in denjenigen des Divisionstrosses. Um die Uebersichtlichkeit nicht durch zu viele Einzelheiten zu schädigen, werde ich mich auf die Angabe beschränken, wie der Vorrath an Zwieback und Grütze in dieser Hinsicht vertheilt ist.

Infanterie:	Tornister:	5 Pfd. Zwieback	= 2½ Tage	Zwieback auf 8 Tage, Grütze auf 7 Tage
	Regimentstroß:	3 Pfd. Zwieback	= 1½ Tage	
		1 Pfd. Grütze	= 3 Tage	
	Divisionstroß:	8 Pfd. Zwieback	= 4 Tage	
		1⅓ Pfd. Grütze	= 4 Tage	
Kavallerie und reitende Artillerie:	Sattel:	3 Pfd. Zwieback	= 1½ Tage	Zwieback auf 7½ Tage, Grütze auf 8 Tage
		⅔ Pfd. Grütze	= 2 Tage	
	Regimentstroß:	4 Pfd. Zwieback	= 2 Tage	
		⅔ Pfd. Grütze	= 2 Tage	
	Divisionstroß:	8 Pfd. Zwieback	= 4 Tage	
		1⅓ Pfd. Grütze	= 4 Tage	
Fuß- artillerie:	Tornister:	6 Pfd. Zwieback	= 3 Tage	Zwieback auf 8 Tage, Grütze auf 7 Tage
	Regimentstroß (Batterietroß):	2 Pfd. Zwieback	= 1 Tag	
		1 Pfd. Grütze	= 3 Tage	
	Divisionstroß:	8 Pfd. Zwieback	= 4 Tage	
		1⅓ Pfd. Grütze	= 4 Tage	

Außerdem werden von allen Truppen in allen drei Abtheilungen zusammen Salz für 12 Tage und Thee und Zucker für 14 Tage mitgeführt.

Das erforderliche lebende Schlachtvieh befindet sich bei der zweiten Troßstaffel; für eine Infanteriedivision mit Artillerie (etwa 17 500 Mann) rechnet man etwa 40 Stück Ochsen mit einem Durchschnitts= gewicht von je 11 Pud zur Ausgabe kommenden Fleisches, was 17 600 Pfund ergiebt, also einen Tagesbedarf.

7. Die tägliche Futterration beträgt — abgesehen von erhöhten Sätzen für die Garde —

für ein Front= (Reit=) und Artilleriepferd: 10 Pfund 30 Solotnik = 3 Garnez (Raummaaß) Hafer und 10 Pfund Heu;

für ein Troßpferd: 13 Pfund 72 Solotnik (13¾ Pfund) — 4 Garnez Hafer und 15 Pfund Heu.

In der vom Stabschef aufgestellten Bedarfsnachweisung ist die Ration für sämmtliche in der Verpflegung befindliche Pferde gleich= mäßig mit 13¾ Pfund Hafer und 10 Pfund Heu berechnet; die Gründe dieser Abweichung von der Vorschrift sind nicht erkenntlich gemacht.

4. Korpsbefehl Nr. 175 über Regelung der Verpflegung.

Vorwerk Wiljtſcha. 23. Juni, 2 Uhr Nachmittags.

Für die Zeit, während welcher die Truppen des mir unterſtellten Korps Quartiere in der Umgegend von Kielze inne haben, wird folgender Verpflegungsmodus feſtgeſetzt:

1. Die Truppen des Gros und der drei Avantgarden empfangen aus den in Kielze eröffneten Ausgabemagazinen: Brod bez. Zwieback, Grütze, Salz, Thee, Zucker und Hafer. Die übrigen Bedürfniſſe an Verpflegung und Futter kaufen die Truppen von den Einwohnern gegen Baarzahlung nach folgenden feſtgeſetzten Preiſen.

(Dieſe auf den Angaben des ſtatiſtiſchen Theils beruhenden Zahlen werden hier als werthlos fortgelaſſen.)

Die Abtheilungen in Stopniza und Opatow verpflegen ſich durch Ankauf aller Bedürfniſſe bei den Einwohnern gegen baar zu den feſtgeſetzten Preiſen — wobei der tägliche Betrag der Entſchädigung für Proviant und Zukoſt pro Mann auf 20 Kopeken feſtgeſetzt wird.

2. Die Lieferung von Proviant und Futter aus den Ausgabemagazinen an die Avantgarden erfolgt:

für die Avantgarde in Andrejew: mit der Eiſenbahn.

„ „ „ „ Kie ⎫ durch den Diviſionstroß
„ „ „ „ Chmielnik ⎭ dieſer Abtheilungen.

3. Die Lieferung aus den Ausgabemagazinen in Kielze erfolgt nach folgender Vertheilung:

aus Nr. 1 ⎫ 24. Infanteriediviſion nebſt Artillerie,
an ⎭ 45. Infanteriediviſion nebſt Artillerie,

aus Nr. 2 ⎫ 23. Infanteriediviſion nebſt Artillerie,
an ⎭ alle anderen Truppentheile und Anſtalten des Korps.

4. Die Korpsintendantur wird beauftragt:

a) bei den Ausgabemagazinen Brodbäckereien einzurichten;
b) den achttägigen Verpflegungsvorrath der Truppen zu bilden;
c) Schlachtvieh für dreitägigen Bedarf bereitzuſtellen, wobei 1 Pfund pro Tag und Kopf zu rechnen iſt, alſo 420 Stück Schlachtvieh, jedes zu 12 Pud Gewicht.

Der auf dieſe Weiſe angeſammelte Vorrath iſt nur im Nothfall anzugreifen und dann ſofort zu ergänzen, um ihn für den Tag des Vormarſches verfügbar zu haben.

5. Auf den Verpflegungsstand der Truppen kommen alle Offiziere und Beamte zur Anrechnung.

6. Fleisch wird täglich 1 Pfund pro Kopf ausgegeben, Sprit ½ Glas, Thee täglich zwei Mal.

Der Korpskommandeur: Generallieutenant A.
Der Chef des Stabes: Generalmajor B.

5. Vortrag des Korpsartilleriechefs.

Zur Sicherstellung der für das Korps erforderlichen Munitionsvorräthe ist verfügbar:
a) die bei den Truppentheilen befindliche Munition,
b) die in den Artillerieparks befindliche Munition.

An Gewehrmunition sind vorhanden:
1. in den Händen der Mannschaften:
   für jedes Gewehr der Infanterie: 84 Patronen,
   „   „   „   „   Genietruppen: 40 „
   „   „   „   „   Kavallerie: 36 „
2. in den Patronenkarren des Regiments- :c. Trosses:
   für jedes Gewehr der Infanterie: 48 Patronen,
   „   „   „   „   Genietruppen: 24 „
   „   „   „   „   Kavallerie: 36 „
also im Ganzen bei den Truppentheilen befindlich:
   für jedes Gewehr der Infanterie: 132 Patronen,
   „   „   „   „   Genietruppen: 64 „
   „   „   „   „   Kavallerie: 72 „
3. in der 23. und 24. fliegenden Artillerieparkbrigade zusammen: 1 654 272 Patronen,
4. im 7., 14. und 15. beweglichen Artilleriepark zusammen. 1 029 888 „
5. im 35. und 36. Lokal-Artilleriepark
   zusammen: 5 197 824 „
   also im Ganzen in den Artillerieparks: 7 881 984 Patronen.

An Gewehren sind im Korps vorhanden:
   je 13 952 in jeder Infanteriedivision = 41 856
   in den Genietruppen = 1 468
   in den Kavallerieregimentern = 3 103
   zusammen 46 427

Theilt man die Zahl der in den Artillerieparks befindlichen Patronen durch die Zahl der im Korps vorhandenen Gewehre, so ergiebt sich in abgerundeten Zahlen:

für jedes Gewehr: in den fliegenden Parks = 36 Patronen
in den beweglichen Parks = 22 „
in den lokalen Parks = 112 „

zusammen für jedes Gewehr in den Parks 170 Patronen.

Das Korps verfügt also im Ganzen an Gewehrmunition:

für jedes Gewehr der Infanterie über $132 + 170 = 302$ Patronen
„ „ „ „Genietruppen„ $64 + 170 = 234$ „
„ „ „ „ Kavallerie „ $72 + 170 = 242$ „

An Geschützmunition sind vorhanden:

1. in den Protzen:

für jedes schwere Geschütz 18 Schuß
„ „ leichte „ 30 „
„ „ reitende „ 20 „

2. in den Munitionswagen:

für jedes schwere Geschütz 90 Schuß
„ „ leichte „ 120 „
„ „ reitende „ 110 „

also im Ganzen bei den Truppentheilen befindlich:

für jedes schwere Geschütz 108 Schuß
„ „ leichte „ 150 „
„ „ reitende „ 130 „

3. in der 23. und 24. fliegenden Parkbrigade zusammen:

4608 Schuß für schwere, 7968 Schuß für leichte und reitende Geschütze.

4. im 7., 14. und 15. beweglichen Artilleriepark im Ganzen:

1944 Schuß für schwere, 4320 Schuß für leichte und reitende Geschütze;

5. im 35. und 36. Lokalartilleriepark im Ganzen:

8000 Schuß für schwere, 19 000 Schuß für leichte und reitende Geschütze;

also im Ganzen in den Artillerieparks

14 552 Schuß für schwere, 31 288 Schuß für leichte und reitende Geschütze.

Im Korps sind im Ganzen vorhanden: 40 schwere, 88 leichte und 12 reitende Geschütze.

Es sind also vorhanden:

Für jedes schwere Geschütz: in den fliegenden Parks 115 Schuß
in den beweglichen Parks 49 „
in den lokalen Parks 200 „

also in den Parks überhaupt 364 Schuß.

Für jedes leichte bezw. reitende Geschütz:
in den fliegenden Parks 80 Schuß
in den beweglichen Parks 43 „
in den lokalen Parks 190 „

also in den Parks überhaupt 313 Schuß.

Das Korps verfügt also im Ganzen an Geschützmunition:
für jedes schwere Geschütz über $108+364=472$ Schuß
„ „ leichte „ „ $150+313=463$ „
„ „ reitende „ „ $130+313=443$ „

Während der Aufstellung der Korps bei Kielze befinden sich

die 23. fliegende Artillerieparkbrigade
der 14. bewegliche Artilleriepark   } bei Dümina,

die 24. fliegende Artillerieparkbrigade
der 7., 9., 15. bewegliche Artilleriepark   } bei Schiblowsk

der 35. und 36. Lokalartilleriepark in Iwangorod.

So lange das Korps sich in defensiver Lage befindet, erhält die bei Andrejew stehende Avantgarde den nothwendigen Munitionsersatz auf der Eisenbahn aus den bei Schiblowsk stehenden Parks, die bei Kie und Chmieljnik stehenden Avantgarden aber durch Entsendung der erforderlichen Zahl von Munitionswagen aus den bei Dümina stehenden Parks.

Im Falle einer bei Morawize zu liefernden Schlacht wird der Munitionsersatz folgendermaßen bewirkt: die geleerten Patronen- und Munitionskarren der Truppen gehen auf die bei Dümina stehenden Parks zurück, werden hier gefüllt und kehren dann zu den Truppen zurück.

Die geleerten Fahrzeuge der bei Dümina stehenden Parks gehen halbparkweise bezw. zugweise auf die bei Schiblowsk stehenden Parks zurück, von wo als Ersatz Fahrzeuge dieses Parks nach Dümina abgehen. Die bei Schiblowsk leer angekommenen Fahrzeuge werden sofort gefüllt und kehren dann wieder nach Dümina zurück.

Die Vorräthe der bei Schidlowok stehenden Parks werden aus den Lokalparks in Iwangorod ergänzt.

Die erwähnten Bewegungen werden mindestens mit der Geschwindigkeit von 7 km in der Stunde ausgeführt, die Füllung eines Wagens darf nicht länger als 2 Stunden in Anspruch nehmen.

Die Entfernung von der Stellung bei Morawize bis Dümina beträgt 7 km; ein aus der Stellung leer zurückgegangener Wagen muß daher nach 4 Stunden gefüllt wieder zur Stelle sein. Dasselbe gilt für die von Dümina zur Ergänzung nach Schidlowok zurückgehenden Wagen, da die Entfernung beider Orte von einander ebenfalls 7 km beträgt.

Die Vorräthe der Lokalparks können von Iwangorod mit der Bahn bis zur Station Piaski (dicht bei Schidlowok) befördert werden. Die Fahrzeit des Zuges bis dahin beträgt 9 Stunden, dieselbe Zeit muß man auf Beladen und Entladen des Zuges rechnen. Die einmalige Ergänzung aller Vorräthe der Artillerieparks des Korps wird daher — von dem Augenblick an gerechnet, wo in Iwangorod der Befehl zum Absenden der Vorräthe eingeht — etwa 18 oder 36 Stunden in Anspruch nehmen, je nachdem dazu ein oder zwei Züge erforderlich sind.

6. Korpsbefehl Nr. 183 über Regelung des Munitionsersatzes.

Bivak bei Bjelezke-Mlünü. 1. Juli, 1 Uhr Nachmittags.

Für den Fall einer Schlacht in der Stellung von Morawize mache ich den Truppen und Anstalten Folgendes zur strengsten Nachachtung bekannt:

1. die dem Korps zugetheilten Artillerieparks formiren zwei Staffeln:
    1. Staffel: 23. fliegende Parkbrigade und 14. beweglicher Park;
    2. Staffel: 24. fliegende Parkbrigade, 7. und 15. beweglicher Park.

2. Bei Beginn der Schlacht bleiben die genannten Parks in vollständiger Bereitschaft auf ihren bisherigen Plätzen bei Dümina und Schidlowok. Dem Kommandeur der Parks mache ich zur Pflicht, sofort nach Eingang der Nachricht vom Beginn des Gefechts ihre Stellung durch Flaggen zu bezeichnen und außerdem eine fortwährende Verbindung zwischen den Staffeln und den in der Position stehenden Truppen zu unterhalten.

3. Die Bewegung von Munitionsfahrzeugen zwischen der Stellung und den Parks soll in „abwechselnder Gangart" erfolgen und mindestens in der Stunde 7 km zurücklegen. Das Ab= und Beladen eines Wagens darf nicht mehr als 2 Stunden in Anspruch nehmen.

4. Der Kommandeur der zweiten Parkstaffel schickt die entleerten Fahrzeuge nach der Bahnstation Piaski, wo per Bahn Vorräthe aus Iwangorod eintreffen werden. Nach dem Eintreffen sind diese Vor= räthe sofort in die leeren Munitionsfahrzeuge umzuladen, was nicht mehr Zeit als 9 Stunden in Anspruch nehmen darf; hiernach kehren die Fahrzeuge zur Anstellung der ersten Parkstaffel zurück.

5. Das Verladen der Vorräthe des Lokalparkes erfolgt auf An= weisung des Chefs der Artillerieparks der Armee.

Erläuterungen.

8. Abwechselnde Gangart (peremjennüj allür) ist die offizielle Bezeichnung für eine zwischen Schritt und Trab abwechselnde Bewegung, welche in der Stunde 7 km zurücklegen soll.

7. Vortrag des Korpsarztes.

Die dem Korps in ärztlicher Beziehung zur Verfügung stehenden Mittel setzen sich zusammen aus solchen, welche fortgesetzt zur Verfügung ihrer eigenen Truppentheile stehen, und aus solchen, welche dem Korps im Allgemeinen gehören. Zu der ersten Kategorie gehören die Lazarethe abgesonderter Truppentheile, die Divisionslazarethe und die den Divi= sionen zugewiesenen beweglichen Feldhospitäler; zu der zweiten Kategorie gehören: die dem Korps zugewiesenen beweglichen Feldhospitäler und die Reservehospitäler.

I. Die Lazarethe abgesonderter Truppentheile, der Artilleriebrigaden und der Divisionen sind bestimmt:

a) den Erkrankten die erste Hülfe zu erweisen.

Zu diesem Zweck haben die genannten Formationen (mit Ausnahme der Divisionslazarethe) die Mittel, um „Aufnahmestationen" mit folgen= der Stellenzahl zu errichten:

```
12 Infanterieregimenter zu 16 Stellen = 192 Stellen
 4 Kavallerieregimenter zu  6 Stellen     24    „
Sappeur= u. Pontonierbat. zu 4 Stellen     8    „
 3 Fußartilleriebrigaden zu  6 Stellen    18    „
                                         ―――
                                         242 Stellen.
```

b) Die Verwundeten auf dem Schlachtfelde zu verbinden.

Zu diesem Zwecke werden bei jedem Truppentheil im Gefecht besondere Verbandpunkte eröffnet, während die Divisionslazarethe innerhalb des Bereiches ihrer Division einen allgemeinen Verbandplatz eröffnen. Die Zahl der in jedem Truppentheil und allgemein im Korps vorhandenen Verbände ist folgende:

12 Infanterieregimenter je 250	=	3000
4 Kavallerieregimenter je 250	=	1000
Sappeur- und Pontonierbataillone je 250	=	500
3 Fußartilleriebrigaden je 250	=	750
3 Lazarethe der Infanteriedivisionen je 1000	=	3000
		8250

II. Die beweglichen Feldhospitäler und die Reservehospitäler haben folgende Bestimmung:

a) Die sechs beweglichen Feldhospitäler, welche den Divisionen (je 2) zugewiesen sind, dienen zur vorübergehenden Aufnahme der Verwundeten und werden deshalb in der Nähe des Schlachtfeldes aufgeschlagen; von ihnen aus werden die Kranken und Verwundeten in die rückwärtigen Hospitäler des Korps abgeschoben, von wo aus der weitere Abschub in das Innere des Landes erfolgt.

b) Die sechs beweglichen Feldhospitäler, welche dem Korps zugewiesen sind, sowie die zwölf Reservehospitäler, welche ebenfalls zur Verfügung des Korps stehen, sind bestimmt zur Aufnahme solcher Kranker und Verwundeter, welche nicht im Stande sind, einen weiteren Transport zu vertragen — sowie zur Aufnahme Leichtverwundeter, bei welchen baldige Heilung in Aussicht steht. Alle genannten 24 Hospitäler haben je 10 Stellen für Offiziere und 200 Stellen für Mannschaften; das Korps verfügt also im Ganzen über 240 Stellen für Offiziere und 4800 Stellen für Mannschaften.

Für den Transport der Kranken aus den Aufnahmestationen der Truppentheile in die Hospitäler sowie der Verwundeten vom Schlachtfelde nach den Verbandplätzen — ferner für ihren weiteren Transport nach den Hospitälern — sind bestimmt die im Besitz der Truppen und Lazarethe befindlichen Krankenwagen (Linesen, zu 4 Plätzen) und die Tragbahren; auch befindet sich für diesen Zweck bei jedem Divisionslazareth eine Kompagnie Krankenträger.

An derartigen Transportmitteln sind innerhalb des Korps vorhanden:

12 Infanterieregimenter: 384 Tragbahren, 60 Linejken = 624 Plätze,

4 Kavallerieregimenter: 24 Tragbahren, 10 Linejken = 64 Plätze,

Sappeure und Pontonierbataillone: 16 Tragbahren, 10 Linejken = 56 Plätze,

16 Fuß- und 2 reitende Batterien: 40 Tragbahren, 14 Linejken = 96 Plätze,

3 Divisionslazarethe: 150 Tragbahren, 30 Linejken = 270 Plätze, also im Ganzen: 614 Tragbahren, 124 Linejken = 1110 Plätze.

Zur Ueberführung der Verwundeten von den allgemeinen Verbandplätzen in die nächsten Hospitäler sind dem Korps ferner drei Militär-Sanitätstransporte zugewiesen, deren jeder 200 Mann aufnehmen kann.

Das bei Kielze stehende Korps verfügt für den Abschub seiner Kranken nach der Basis über einen provisorischen Militärsanitätszug mit 350 Plätzen.

Im Ganzen verfügt also das Korps — bei einem Bestande von nicht ganz 70 000 Mann — über:

1 502 Stellen zur Erweisung der ersten ärztlichen Hülfe,

3 780 Stellen zur dauernden ärztlichen Behandlung,

8 250 Verbände,

2 060 Transportmittel (614 Tragbahren, 1096 Wagenplätze und 350 Eisenbahnplätze).

Sollte es in der Stellung von Morawize zur Schlacht kommen, so würde folgende Verwendung der verschiedenen Sanitätsanstalten angezeigt sein:

1. Die Lazarethe der einzelnen Truppentheile eröffnen Verbandpunkte in den Abschnitten ihrer Truppentheile; die Divisionslazarethe allgemeine Verbandplätze im Bereich ihrer Divisionen.

2. Die 6 beweglichen Feldhospitäler der Divisionen werden in dem Dorf Esukow eröffnet.

3. Diejenigen 3 beweglichen Feldhospitäler des Korps, welche außerhalb Kielze ihre Thätigkeit bereits eröffnet haben — Nr. 89 bei Morawize, Nr. 90 bei Kowalja, Nr. 91 bei Tumina — werden geschlossen, schaffen ihre Kranken durch die ihnen zugewiesenen Militärsanitätstransporte nach Kielze und eröffnen dort aufs neue.

Die Aufsammlung der Verwundeten und ihre Uebergabe an die Hospitäler in Sjukow oder Kielze ist folgendermaßen zu bewirken:

Die Verwundeten werden von dem Sanitätspersonal ihrer Truppentheile aufgesammelt und nach den besonderen Verbandpunkten geschafft. Von hier aus werden sie mit den Hilfsmitteln ihrer Truppentheile zu den allgemeinen Verbandplätzen geschafft; von hier aus erfolgt ihre Ueberführung in die in Sjukow aufgeschlagenen Hospitäler durch die Militärsanitätstransporte.

Der weitere Transport der Verwundeten in die in Kielze eröffneten Hospitäler erfolgt durch gewöhnliche Transportmittel des Landes.

Der Abschub nach der Basis erfolgt vermittelst des provisorischen Militärsanitätszuges und aller leer nach Iwangorod abgeschickten Fuhrwerke.

Erläuterungen.

9. Ein **Militärsanitätstransport** besteht aus 27 vierspännigen Krankenwagen mit Plätzen für 200 Mann, sowie aus 9 anderweitigen Fuhrwerken. — Außer den 20 Transporten, für welche im Frieden etatsmäßig Bestände und Fahrzeuge bereit gehalten werden, können im Korps auf Anordnung des Armee-Oberkommandos noch weitere aufgestellt werden. Die Transporte werden vom Armeehospitaldirektor auf Anweisung des Oberkommandos über den ganzen Kriegsschauplatz vertheilt; sie können zum Theil den Korps und Divisionen direkt unterstellt werden.

8. Korpsbefehl Nr. 184 über Regelung der Sanitätsverhältnisse.

Vorwerk Wiljtscha. 1. Juli, 2 Uhr Nachmittags.

Für die Zeit des Aufenthaltes des Korps in Quartieren in der Umgegend von Kielze schreibe ich folgendes zu genauer Nachachtung vor:

1. Die im Korpsbefehl Nr. 171 Nr. 6 getroffenen Anordnungen in Betreff Aufstellung der Sanitätsanstalten bleiben zunächst in Geltung.

2. Der Transport Kranker und Verwundeter aus den Aufnahmestationen nach den nächsten Hospitälern erfolgt:

a) aus Opatow bis Bodjechow auf Landfuhren, von da auf der Eisenbahn nach Kielze;

b) aus Stopniza nach Kielze auf Landfuhren;

c) von den Avantgarden in Kie und Chmieljnik durch Fuhrwerk der Truppentheile;

d) von der Avantgarde in Anbrejew nach Kielze auf der Eisenbahn, wobei die dorthin leer zurückgehenden Wagen zu benutzen sind;

e) vom Gros des Korps nach den für die einzelnen Truppentheile zuständigen Hospitälern durch Fuhrwerk der Truppentheile selbst; der Weitertransport aus diesen Hospitälern nach Kielze durch die Militärsanitätstransporte, welch letztere auf die Hospitäler wie folgt vertheilt werden:

Militärsanitätstransport Nr. 52: Feldhospital Nr. 89,
„ Nr. 53: „ Nr. 90,
„ Nr. 54: „ Nr. 91.

3. Von den 12 Reservefeldhospitälern, welche sich in Iwangorod befinden, werden dort sechs eröffnet und dienen zur Aufnahme und Behandlung von Kranken, welche vom Korps nach der Basis zurückgeschafft werden.

4. Die Abschiebung der Kranken aus den Hospitälern in Kielze nach Iwangorod geschieht vermittelst des provisorischen Militärsanitätszuges, der zwischen genannten beiden Punkten täglich hin- und zurückfährt (in 9 Stunden Fahrt und je 3 Stunden Aufenthalt zum Ein- bezw. Ausladen).

5. Dem Chefarzt der 24. Infanteriedivision wird aufgegeben, Aufnahmestationen zu errichten in Morawize für 50 Mann und in Kielze für 150 Mann.

Dem Chefarzt der 13. Kavalleriedivision wird aufgegeben, Pferdelazarethe zu eröffnen:

für 20 Pferde in Morawize für die Truppen der Avantgarde in Kie und Chmieljnik;

für 50 Pferde in Wiljticha für den Korpsstab, die 24. und 45. Infanteriedivision nebst Artillerie;

für 100 Pferde in Kielze für alle anderen Truppentheile und Anstalten.

6. Für die Aufnahme solcher Kranken, welche über Iwangorod weiter ins Innere abgeschoben werden, ist bei den Reservehospitälern in Iwangorod eine Aufnahmestation für 100 Mann zu errichten.

9. Vortrag des Stabschefs in Bezug auf die bevorstehende Offensive.

Für die Zeit des Vormarsches des Korps von Kielze auf Tarnow wird die Verpflegung eine „gemischte" sein. Die von der Intendantur bereit gestellten Verpflegungsvorräthe werden wie bisher den Truppen geliefert werden, aber alle übrigen Bedürfnisse, wie auch das ganze Futter (Hafer, Heu, Stroh) wird bei der Bevölkerung gekauft werden.

Die fortwährende und rechtzeitige Zufuhr der Vorräthe von der Basis bis zu den Truppen ist folgendermaßen zu ordnen:

Von der Basis werden die Vorräthe vermittelst der Eisenbahn nach Kielze geschafft (Verpflegungsdepot). Von hier gehen sie vermittelst der Intendanturtransporte (welche durch einen aus Landesmitteln zu bildenden Transport zu verstärken sind) nach N. Kortschin, um ein Zwischendepot einzurichten. Von hier aus werden die Vorräthe, so lange das Gros des Korps sich bei Jurkow befindet, durch die Fahrzeuge des Divisionstrosses in die Ausgabemagazine des Korps geschafft, welche in Shabno (5 km hinter dem Gros) zu errichten sind und aus denen die Truppen ihren Bedarf vermittelst des Regimentstrosses zu empfangen haben.

Erläuterungen.

10. **Intendanturtransporte.** 1. — Je eine pro Armeekorps im Frieden bestehende Trainkadrekompagnie à 5 Zügen entwickelt sich im Kriegsfalle zu einem Trainbataillon mit einem Gesammtbestande von rund 1000 Mann und 2000 Pferden. — Jedes derartige Trainbataillon besetzt fünf „Militärtransporte" (dies ist die jetzige offizielle Bezeichnung, für welche sehr häufig noch die frühere Bezeichnung als „Intendanturtransport" zur Anwendung kommt), welche dazu bestimmt sind, den im Truppentroß befindlichen eisernen Lebensmittelbestand zu ergänzen. Jeder Intendanturtransport (dessen Wagenzahl jetzt zwischen 83 und 113 schwankt, je nachdem die einzelnen Wagen zweispännig, dreispännig oder vierspännig sind) enthält für 10000 Mann: Zwieback und Grütze auf 4 Tage, Salz auf 8 Tage, Thee und Zucker auf 10 Tage, endlich für 1600 Pferde Hafer auf 3 Tage — außerdem den ganzen eigenen Bedarf für 5 Tage. — Die Verpflegungsstärke einer Infanteriedivision mit Artillerie beträgt rund 17500 Mann, ohne die dazu tretenden Kavallerie- und Genietruppen zu rechnen; der Verpflegungsbedarf für eine Infanteriedivision auf 4 Tage erfordert also rund 2 Intendanturtransporte, für das aus 3 Infanterie-

divisionen bestehende Korps der vorliegenden Studie sind also 6 Intendanturtransporte erforderlich. Da aber das dem Korps zugehörige Trainbataillon etatsmäßig nur 5 Transporte aufstellt, so muß in diesem Falle ein sechster Transport aus anderweitigen nichtetatsmäßigen Mitteln gebildet werden.

10. Vortrag des Korpsintendanten.

Das Korps hat den Auftrag, auf Tarnow vorzugehen. Der entworfenen Marschroute (s. Theil II Nr. 18) gemäß, soll der Vormarsch im Laufe von 6 mal 24 Stunden erfolgen, vom 4. bis einschließlich 9. Juli.

Die Hilfsmittel des Schauplatzes der bevorstehenden Operationen lassen auf die Möglichkeit, einzig und allein durch Ankauf bei den Einwohnern die nothwendigen Bedürfnisse zu beschaffen — nicht rechnen.

Die an Ort und Stelle zu findenden Vorräthe können nur die Verpflegung der vorderen Abtheilungen des Korps sicher stellen; das Gros kann nur auf Fleisch, Branntwein und Gemüse rechnen — alle übrigen Bedürfnisse: Brot, Grütze, Salz, Thee, Zucker müssen von der Basis nachgeführt werden.

In Betreff des Futters sind die Mittel des Landes ebenfalls nicht bedeutend; die jährliche Ernte deckt nicht einmal den Bedarf der Bevölkerung.

Bedenkt man aber

1. daß das Korps fast den ganzen Marsch noch im eigenen Lande zurücklegt —

2. daß der Juli die Zeit der Gewinnung von Hafer und Heu ist —

so wird die Verpflegung während des Vormarsches in folgender Art geregelt werden können:

Die Truppen müssen die von der Intendantur bereit zu stellenden Vorräthe mit sich führen, dabei aber von den Einwohnern das Futter kaufen, sowie verschiedene die Verpflegung ergänzende Produkte; die vorderen Abtheilungen der Korps können sich ausschließlich durch Ankauf bei der Bevölkerung verpflegen.

Am 3. Juli werden die Truppen des Korps bei Bjelezke-Münü im Biwak stehen; zu diesem Zeitpunkt werden folgende Vorräthe verfügbar sein:

bei den Mannschaften selbst auf 3 Tage*),
im Regimentstroß auf 1 Tag*), } auf 8 Tage.
im Divisionstroß auf 4 Tage,

Außerdem haben
die Kavalleriepferde für 2 Tage,
die Artilleriepferde für 1½ Tage,
die Troßpferde für 3 Tage

Futter bei sich.

Ferner haben die Truppen Schlachtvieh für 3 Tage bei sich — und außerdem stehen die Vorräthe der Ausgabemagazine in Kielze zur Verfügung.

Am 4. Juli treten die Truppen den Vormarsch an, nach 3 Tagen wird das Gros Opatowez erreichen, wo ihm am 7. Juli ein Ruhetag gewährt wird. Während dieser Zeit wird die Verausgabung und Ergänzung der Vorräthe in folgender Art vor sich gehen:

Den im Tornister ꝛc. befindlichen dreitägigen Vorrath verwenden die Truppen nur während der Bewegung — bis zur Höhe einer Tagesportion — und ergänzen ihn sofort aus dem Regimentstroß, sobald dieser das Biwak erreicht.

Die Vorräthe des Regimentstrosses werden täglich aus dem Divisionstroß ergänzt, zu welchem Zweck der Regimentstroß auf dem Biwaksplatz die Ankunft des Divisionstrosses erwartet; nachdem er sich aus diesem ergänzt, folgt er sofort wieder den Truppen.

Bei diesem Verfahren wird am Abend des 6. Juli der Stand der Verpflegungsvorräthe folgender sein:

3 Portionen bei den Mannschaften,
1 Portion im Regimentstroß,
1 Portion im Divisionstroß.

Es handelt sich nunmehr um rechtzeitige Ergänzung der Vorräthe des Divisionstrosses.

Nach der Besitznahme von Tarnow muß das Korps zur Ausführung anderer Operationen sofort bereit sein, es muß also dann über Vorräthe für mindestens 8 Tage verfügen. Rechnet man 6 Tage auf den Marsch von Kielze nach Tarnow, so muß das Korps bei Antritt seiner

---

*) Diese Angabe des Originals ist nicht ganz richtig; es müßte heißen (da es bei den einzelnen Waffengattungen verschieden ist): bei den Mannschaften auf 2—3 Tage, im Regimentstroß auf 2 bez. 1 Tag.

Bewegung — einschließlich des achttägigen Vorrathes bei den Truppen — einen 14tägigen Vorrath mit sich führen.

Nach der Marschroute wird Tarnow am 9. Juli Abends erst von der Avantgarde besetzt, bis zum Eintreffen des Gros vergehen weitere 24 Stunden — mit Rücksicht hierauf muß das Korps bei Beginn seiner Bewegung von Kielze aus nicht einen 14tägigen, sondern einen 15tägigen Vorrath mit sich führen.

Dieser über den bei den Truppen selbst mitgeführten 8tägigen Vorrath hinausgehende 7tägige Vorrath muß in Transporten nachgeführt werden.

Das Korps verfügt über ein Trainbataillon mit 5 dreispännigen Transporten, von denen jeder im Stande ist, auf seinen 131 Fahrzeugen 4847 Pud zu transportiren, alle fünf Transporte zusammen also 24 235 Pud.

Hierbei ist gerechnet, daß jedes Fuhrwerk 37 Pud verwendbare Vorräthe transportirt. An und für sich faßt jedes dreispännige Fuhrwerk des Transportes allerdings 45 Pud — die Transporte müssen aber die Verpflegung für die Fuhrleute und Hafer für die Pferde der Bespannung ebenfalls transportiren; dies macht täglich pro Fuhrwerk 1 Pud 10 Pfund, im vorliegenden Falle für 6 Tage also etwa 8 Pud, sodaß der verwendbare Theil der Ladung 37 Pud beträgt.

Die Tages-Verpflegung des Korps — ohne Hafer[1]) — hat ein Gewicht von 4199 Pud, also für 7 Tage = 29 393 Pud; die Zufuhr durch 5 Transporte deckt diesen Bedarf also bis auf 5158 Pud.

Zur Ergänzung dieses Mangels wird ein „Ergänzungstransport" formirt aus 140 landesüblichen dreispännigen Wagen; die Mittel hierzu finden sich im Lande in genügender Menge.

Diese aus den Magazinen in Kielze beladenen Transporte marschiren hinter der dritten Troßstaffel und übergeben in N. Kortschin ihre Vorräthe dem Divisionstroß. Dieser ergänzt seinen eigenen Bestand durch Uebernahme von drei Tagesportionen; aus den anderen vier Tagesportionen der Transporte wird in N. Kortschin ein Zwischendepot gebildet.

Die bei Opatowez Ruhetag haltenden Truppen sind nur 9 km von diesem Zwischendepot entfernt, der Regimentstroß kann sich also direkt in diesem Depot ergänzen.

Nachdem die Transporte ihre Vorräthe im Laufe der Nacht vom 6. zum 7. Juli abgeladen, treten sie am Morgen des 7. Juli den Rückmarsch nach Kielze an, legen diese 71 km betragende Strecke in 2½ Tagen zurück und treffen im Laufe des 9. Juli in Kielze ein, werden hier wieder beladen, treten am 10. Juli den Marsch von Neuem an und erreichen N. Kortschin am 12. Juli. Nach Ausladung der Vorräthe gehen sie am 13. Juli wieder zurück und werden mit neuer Ladung am 18. Juli wieder bei N. Kortschin sein — d. h. jede Lieferung durch die Transporte wird 6 Tage in Anspruch nehmen.

Am 8. Juli geht das Gros des Korps über die Weichsel und nimmt am rechten Ufer derselben bei Ustje Jesuitskoje Stellung, 11 km von N. Kortschin entfernt; auch an diesem Tage kann der Regimentstroß sich aus dem Zwischendepot direkt ergänzen.

Am 9. Juli rückt das Gros nach Jurkow, der Divisionstroß nach Shabno, wo nun die Ausgabemagazine des Korps eröffnet werden.

Sobald dies geschehen, wird der Divisionstroß die Vorräthe des Depots N. Kortschin in die Magazine von Shabno überführen. Der ganze Kreislauf dieser Bewegung wird — bei einer Transportfähigkeit von 4 Portionen — 3 Tage in Anspruch nehmen: je einen Tag für den Hin- und Rückmarsch (25 km), 1 Tag für Auf- und Abladen. Am 12. Juli treffen die Transporte (von Kielze aus) in N. Kortschin ein, gleichzeitig auch der Divisionstroß (von Shabno her). Letzterer wird in der Nacht vom 12. zum 13. beladen und trifft am Abend des 13. Juli bei Shabno ein.

Bei dieser Organisation des Verpflegungsnachschubes ist zu beachten, daß bei dem Kreislauf jeder vollständigen Hin- und Rückreise der Fuhrwerke die Zahl der herangeführten Portionen um eines größer ist als die Zahl der zu der Reise nöthigen Tage (die Transporte fassen 7 Portionen und brauchen 6 Tage für die Hin- und Rückreise Kielze-Korschin; der Divisionstroß faßt 4 Portionen und braucht 3 Tage für die Hin- und Rückreise Kortschin-Shabno); diese überschießende Differenz gibt dem Korps die Möglichkeit, eventuell durch Zufuhr von Mehl statt von Zwieback zur Brodlieferung überzugehen.[14])

Erläuterungen.

11. **Intendanturtransporte II.** — In diesem völligen Fortlassen des Hafers liegt die Erklärung für den Umstand, daß hier der Korpsintendant mit 6 Intendanturtransporten einen siebentägigen Vorrath für ein aus drei Infanteriedivisionen bestehendes Korps transportiren will, während bei reglementsmäßiger Beladung der Transporte diese für dieselbe Verpflegungsstärke nur einen viertägigen Bedarf fassen würden.

12. Brod und Zwieback. — Die tägliche Zwiebackportion hat ein Gewicht von 2 Pfund; die tägliche Mehlportion (aus der 3 Pfund Brod hergestellt werden) wiegt 2 Pfund 25½ Solotnik; diese Differenz ergibt für eine Verpflegungsstärke von rund 67 000 Mann eine tägliche Gewichtsvermehrung von rund 420 Pud.

11. Vortrag des Korpsarztes.

Bei dem Vormarsch des Korps gegen Tarnow ist der ärztliche Dienst in folgender Art zu handhaben:

Die Lazarethe jedes Truppentheils (d. h. jedes Infanterie- oder Kavallerieregiments, jeder Artilleriebrigade und jedes Geniebataillons) marschiren an der Spitze der zweiten Troßstaffel dieses Truppentheils; sie übernehmen im Biwak die Pflege der Erkrankten.

Die Divisionslazarethe, die beweglichen Feldhospitäler der Divisionen und die Militärsanitätstransporte marschiren zu hinterst der zweiten Troßstaffel und treten nicht in Thätigkeit.

Kranke, welche den Truppen nicht folgen können, bleiben im letzten Nachtlager zurück und werden den Etappenpunkten überwiesen, in denen gleichzeitig entweder Hospitäler oder andere ärztliche Anstalten zu errichten sind.

Die beweglichen Feldhospitäler des Korps übergeben ihre Kranken an sechs Reservehospitäler, welche zu diesem Zweck von Iwangorod mit der Eisenbahn nach Kielze gezogen werden. Demnächst folgen die Korpsfeldhospitäler den Truppen, indem sie mit der dritten Troßstaffel marschiren.

Im Falle eines Zusammenstoßes mit dem Gegner bleibt die Rolle der verschiedenen Sanitätsanstalten dieselbe, die ihnen für den Fall eines Zusammenstoßes bei Morawize zugewiesen war; auf die erste Nachricht vom Beginn des Gefechts eilen die Sanitätstransporte, die Divisionslazarethe und die Divisionshospitäler der 2. Troßstaffel voraus, folgen den Truppen und nehmen folgendermaßen Aufstellung:

die Divisionslazarethe und die Sanitätstransporte in der Stellung; die Divisionshospitäler 4—6 km hinter der Stellung.

Gleichzeitig folgen die Korpshospitäler den Truppen und eröffnen ihre Thätigkeit einen halben Tagemarsch hinter der vorderen Hospitallinie.

Der Abschub der Kranken und Verwundeten nach der Basis erfolgt auf Anordnung der Etappen-Kommandanten, welche zu diesem Zwecke besondere Transporte mit an Ort und Stelle verfügbaren Mitteln zusammenstellen.

12. Korpsbefehl Nr. 185. — Der Munitionsersatz.
Biwak bei Bjelzke-Allanii. 3. Juli, 2 Uhr Nachmittags.

Morgen, am 4. Juli, ergreift das Korps die Offensive gegen Tarnow. Während der bevorstehenden Bewegung gelten bis auf Weiteres folgende Bestimmungen:

1. Die fliegenden und beweglichen Parks werden in zwei Echelons getheilt.

1. Echelon:

23. fliegende Artillerieparkbrigade ⎱ marschiren an der Spitze der 2. Trosstaffel der rechten Kolonne des Gros,
14. beweglicher Artilleriepark ⎰

24. fliegende Artillerieparkbrigade ⎱ marschirt an der Spitze der 2. Trosstaffel der linken Kolonne des Gros.

2. Echelon:

7. und 15. beweglicher Artilleriepark — marschiren an der Spitze der dritten Trosstaffel des Gros.

2. Sobald die Parks Nachricht von dem Beginn eines Gefechts erhalten, rücken sie in wechselnder Gangart (s. Erläuterung Nr. 8) sofort nach dem Gefechtsfelde, und zwar nehmen die Parks des 1. Echelons Aufstellung 3—5 km hinter der Feuerlinie, die Parks des 2. Echelons höchstens 15 km weiter rückwärts. Nach Einnahme ihrer Stellungen haben die Kommandeure der Echelons dauernde Verbindung zwischen den Echelons und mit der Gefechtslinie zu halten.

3. Die Vorräthe der beiden lokalen Artillerieparks werden aus Iwangorod mit der Eisenbahn nach Kielze geschafft, worüber der Chef der Artillerieparks der Armee das Weitere anordnet.

4. Marschroute für die Bewegung der Artillerieparks vom 4. bis 9. Juli:

3. Juli:
1. Echelon: Wiljtscha.
2. Echelon: Klembotschla.

4. Juli:
1. Echelon rechte Kolonne: (28 km) Pintschow.
1. Echelon linke Kolonne: (27 km) Kotlize.
2. Echelon: (22 km) Petrokowize.

5. Juli:
1. Echelon rechte Kolonne: (24 km) Bubsin.
1. Echelon linke Kolonne: (23 km) Esucha Wolja.
2. Echelon: (25 km) Busk.
6. Juli:
1. Echelon: (18 km) Opatowez.
2. Echelon: (24 km) N. Kortschin.
7. Juli:
Ruhetag.
8. Juli:
1. Echelon: (2 km) Ustje Jesuitsloje.
2. Echelon: Ruhetag.
9. Juli:
1. Echelon: (14 km) Shabno.
2. Echelon: (9 km) Opatowez.

13. **Korpsbefehl Nr. 186. — Die Verpflegungsverhältnisse.**
Biwak bei Bjelezke-Mlüni. 3. Juli, 3 Uhr Nachmittags.

Bei dem offensiven Vormarsch des Korps gegen Tarnow wird die Verpflegung folgendermaßen geregelt:

1. Die Truppen des Gros empfangen aus dem Troß: Zwieback, Grütze, Salz, Thee und Zucker. Alle übrigen Verpflegungsbedürfnisse sowie das ganze Futter sind bei den Einwohnern gegen Baarzahlung zu den festgesetzten Preisen zu kaufen. Das mit der zweiten Troßstaffel folgende Schlachtvieh ist nur dann zu verausgaben, wenn an Ort und Stelle der Ankauf von Fleisch ganz unmöglich ist.

2. Die vorgeschobenen Theile des Korps und vereinzelt auftretenden Abtheilungen verpflegen sich durch Ankauf aller Bedürfnisse bei den Einwohnern. Die Gebühr für Zukost und Proviant bleibt dieselbe wie bisher: 20 Kopeken pro Kopf und Tag.

3. Pro Kopf ist täglich zu verausgaben ein Pfund Fleisch und ein Glas Sprit.

4. Den Truppen wird gestattet, den eisernen Tornisterbestand für einen Tag in Angriff zu nehmen; derselbe ist stets noch am Abend desselben Tages aus dem Regimentstroß zu ergänzen. Letzterer erwartet auf dem Biwaksplatz die Ankunft des Divisionstrosses, ergänzt sich aus diesem und folgt dann den Truppen.

5. Die Bewegung des Regiments- und Divisionstrosses und der Militärtransporte erfolgt nach folgender Marschroute:

Zweite Troßstaffel der rechten Kolonne:
3. Juli. — Wiljtscha.
4. Juli. — (28 km) Pintschow.
5. Juli. — (24 km) Budsin.
6. Juli. — (18 km) Opatowez.
7. Juli. — Ruhetag.
8. Juli. — (2 km) Uebergang bei Ustje Jesuitskoje.
9. Juli. — (21 km) Jurkow.

Zweite Troßstaffel der linken Kolonne:
3. Juli. — Wiljtscha.
4. Juli. — (28 km) Kotlize.
5. Juli. — (23 km) Sjucha Wolja.
6. Juli. — (18 km) Opatowez.
7. Juli. — Ruhetag.
8. Juli. — (2 km) Uebergang bei Ustje Jesuitskoje.
9. Juli. — (21 km) Jurkow.

Dritte Troßstaffel:
3. Juli. — Klembotschka.
4. Juli. — { Rechte Kolonne: (24 km) Werschebina.
            { Linke Kolonne: (22 km) Piotrokowize.
5. Juli. — { 24 km } Busk.
            { 25 km }
6. Juli. — (24 km) N. Kortschin.
7. Juli. — } Ruhetag.
8. Juli. — }
9. Juli. — (25 km) Shabno.

Intendanturtransporte:
3. Juli. — Kielze.
4. Juli. — (12 km) Morawize.
5. Juli. — (23 km) Schanez.
6. Juli. — (26 km) N. Kortschin.
7. Juli. — Beginn des Rückmarsches nach Kielze.

14. Korpsbefehl Nr. 187. — Die Sanitätsverhältnisse.
Biwak bei Bjelezke-Mlünü. 3. Juli, 4 Uhr Nachmittags.

Morgen den 4. Juli ergreift das Korps die Offensive; in Betreff der Sanitätsanstalten befehle ich demgemäß:

Den Truppen folgen auf ihrem Vormarsch:

1. an der Spitze der entsprechenden zweiten Troßstaffel die Lazarethe der einzelnen Truppentheile — in der Queue dieser Staffel die Divisionslazarethe mit den Krankenträgerkompagnien, die Militärsanitätstransporte und die sechs beweglichen Feldhospitäler der Divisionen;

2. an der Spitze der dritten Troßstaffel unmittelbar hinter den Artillerieparks die sechs beweglichen Feldhospitäler des Korps. Von den letzteren Hospitälern verbleibt unterwegs Nr. 89 auf der Etappe Chmieljnik, Nr. 90 auf der Etappe N. Kortschin.

15. Vortrag des Stabschefs über die Organisation der Etappenlinie.

Der Aufstellungsbezirk des Korps bei Kielze ist mit der Basis Iwangorod verbunden durch die 130 km lange Eisenbahn und durch die 143 km lange Chaussee.

Letztere ist die Hauptverbindungslinie des Korps mit der Basis, auf ihr erfolgen alle vom Korps zur Basis gerichteten Bewegungen von Troßfahrzeugen, auf ihr erfolgt auch eventuell der Rückzug des Korps. Die Eisenbahn ist eine Hilfslinie, auf welcher von der Basis dem Korps alle Verpflegungsbedürfnisse zugeführt werden und auf der vom Korps aus aller Abschub von Kranken zur Basis und weiter ins Innere erfolgt.

Längs der Hauptverbindungslinie sind daher folgende Etappenpunkte anzulegen:

1. Iwangorod. — Basis.
 12 bewegliche Reservehospitäler.
 Aufnahmestation für 100 Mann.
 Rekonvaleszentenkommando [¹²]).
 Brodbäckerei.
 Verpflegungspunkt mit Ausgabemagazin.

2. (19 km) N. Alexandria.
 Erhält die Verpflegung von der gleichnamigen Eisenbahnstation der Linie Iwangorod-Lublin.

3. (27½ km) Swolew.
 Erhält die Verpflegung von der 12 km entfernten Station Gorbatka der Eisenbahnlinie Iwangorod-Radom.

4. (25½ km) Radom,
5. (27¾ km) Schiblowetz, } erhalten die Verpflegung von den gleichnamigen Bahnstationen.
6. (18 km) Suchedniow
7. (25 km) Kielze — Kopfpunkt.

Auf jedem der Etappenpunkte 2.—6. befindet sich
eine Aufnahmestation für 4 Mann,
ein Pferdelazareth für 10 Pferde,
eine Brobbäckerei mit landesüblichen Oefen,
ein Verpflegungspunkt für 300 Mann,
eine Post= und Telegraphenstation.

Auf jedem Etappenpunkt wird vermittelst Zufuhr durch die Eisenbahn ein Verpflegungsdepot angelegt, welches für die ganze etatsmäßige Stärke des Korps einen eintägigen Bedarf enthält.

Bei dem Vorschreiten der Bewegungen des Korps gegen Tarnow dient die Chaussee von Kielze über Morawize, Chmieljnik, Busk, N. Kortschin, Opatowez, Shabno und Jurkow als Fortsetzung der Verbindungslinie.

Längs dieser Linie sind folgende Etappenpunkte einzurichten:

7. Kielze.
   Uebergabedepot für die von Iwangorod bis hierher geschafften Vorräthe.
   Der Bedarf an Fuhrwerk ist aus der Stadt selbst zu decken.
   Reservehospitäler Nr. 1 bis 6.
   Aufnahmestation für 4 Mann.
   Rekonvaleszentenkommando [13]).
   Verpflegungspunkt für 500 Mann.
   Brobbäckerei.
   Post= und Telegraphenstation.

8. (31 km) Chmieljnik.
   Bewegliches Feldhospital Nr. 89.
   Pferdelazareth für 10 Pferde.
   Verpflegungspunkt für 300 Mann.
   Brobbäckerei.
   Post= und Telegraphenstation.

Für die etatsmäßige Stärke des ganzen Korps ist hier ein Depot mit eintägiger Verpflegung anzulegen; zu diesem Zweck werden dem Etappenpunkte eine Anzahl näher bezeichneter Ortschaften im Umkreise von etwa 12 km angewiesen, welche die Vorräthe und die nöthigen Fuhren zu stellen haben.

9. (16 km) Busk.
Aufnahmestation für 4 Mann.
Verpflegungspunkt für 300 Mann.
Brodbäckerei.
Post- und Telegraphenstation.
Ansammlung eines Depots mit eintägigem Verpflegungsbedarf, für das ganze Korps aus einem (ähnlich wie unter 8) besonders angewiesenen Bezirk.

10. (24 km) N. Kortschin.
Uebergabepunkt für die von der Basis herangeschafften Vorräthe. (Diese werden von Kielze bis hierher durch die Intendanturtransporte geschafft).
Bewegliches Feldhospital Nr. 90.
Pferdelazareth für 50 Pferde.
Verpflegungspunkt für 1000 Mann.
Verpflegungsdepotpunkt.
Brodbäckerei.
Post- und Telegraphenstation.

11. (25 km) Shabno.
Depot der den Truppen gehörenden Vorräthe (diese werden von N. Kortschin durch den Divisionstross bis hierher geschafft).
Bewegliche Feldhospitäler Nr. 91, 92, 93, 94.
Pferdelazareth für 100 Pferde.
Korpsausgabemagazin.
Brodbäckerei.
Post- und Telegraphenstation.

Jeder Etappenkommandant hat nach dem Eintreffen an seinem Stationsort sofort folgende Maßregeln ins Werk zu setzen:
1. Den Verpflegungspunkt,
2. Brodbäckereien in entsprechendem Umfange mit landesüblichen Oefen,
3. die vorgeschriebenen Sanitätsanstalten einrichten und eröffnen,
4. Postverbindung mit den Nachbarstationen herstellen, zu welchem Zweck er vier dreispännige Fuhrwerke aus seinem Bezirk in Anspruch nehmen kann.

Das Beitreiben von Lebensmitteln und Fuhrwerken hat unter Inanspruchnahme der lokalen Behörden zu erfolgen.

Jeder Etappenpunkt hat zu verpflegen: das Personal der hier befindlichen Anstalten, die der Etappe zugetheilten Truppenabtheilungen und die durchpassirenden nichtetatsmäßigen Marschkommandos.

Erläuterungen.

13. Rekonvaleszentenkommando. — Leicht Verwundete und Kranke, welche nach ihrer voraussichtlichen baldigen Wiederherstellung sofort wieder in die Front treten können — ferner solche Mannschaften, welche ohne Anzeichen einer besonderen Krankheit sichtlich entkräftet sind und zur Wiedergewinnung ihrer Leistungsfähigkeit nur vorübergehender Erholung, verbunden mit besserer Verpflegung bedürfen, werden längs der Etappenlinie in besonderen Kommandos zusammengezogen und irgendwelchen Sanitätsanstalten zugewiesen. — Die wörtliche Uebersetzung von sslabossiljnaja komanda (Kommando mit schwachen Kräften) ist hier durch den nicht ganz in der Sache sich deckenden Ausdruck „Rekonvaleszentenkommando" ersetzt worden.

16. **Korpsbefehl Nr. 194.**

Jurkow. 9. Juli, 2 Uhr Nachmittags.

1. Zum Chef aller Etappen wird Oberst Tsch. ernannt.
2. Zur Handhabung des Wach-, Transport- und Polizeidienstes werden bestimmt:

für Kielze: 1 Kompagnie Infanterie, 1 Zug Kosaken, 10 Gendarmerieunteroffiziere;

für Chmieljnik und Busk } je ½ Kompagnie Infanterie, 1 Zug Kosaken und 5 Gendarmerieunteroffiziere.

für N. Kortschin und Shabno } je 1 Kompagnie Infanterie, 1 Zug Kosaken und 10 Gendarmerieunteroffiziere.

3. Die erwähnten Kommandos stellt auf nähere Anordnung der betreffenden Kommandeure: die 45. Infanteriedivision, die 13. Kavalleriedivision und die 2. Feldgendarmerieeskadron.

Im gleichen Verlage erschienen:

Die Organisation des polnischen Aufstandes 1863 bis 1864. 1,—

v. Drygalski, Sübötul Chakaick. Ein Beitrag zur Geschichte des russisch-türkischen Krieges 1877—78. 3,—

v. Jagwitz. Von Plewna bis Adrianopel. Geschichte der zweiten Hälfte des russisch-türkischen Krieges 1877—78, unter besonderer Berücksichtigung der russischen Taktik. Nach russischen und türkischen Quellen bearbeitet. Mit 1 Uebersichtskarte und 5 Skizzen. 8,—

Janke, Skizzen aus dem europäischen Rußland. Mit besonderer Berücksichtigung der militärischen Verhältnisse. 1. Heft: Polen und Warschau, 2. Heft: St. Petersburg und Finnland. à 2,40

Kunz, Der polnisch-russische Krieg von 1831. Mit 5 Plänen. 4,—

Osman-Bay, Les russes en 1877—78. 5,—

Rußland und das Testament Peters des Großen. 2. Auflage. 2,—

v. Schnehen, Die Land- und Seemacht Rußlands. Mit 1 Uebersichtskarte des russischen Bahnnetzes. 2. Aufl. 1,50

v. Trotha, Der polnische Aufstand im Jahre 1863 von seinem Beginn bis zum Zusammenbruch der Diktatur Langiewitsch. 7,50

— Die taktische Ausbildung der russischen Infanterie. 1,—

— Rußland am Stillen Ozean. Eine zeitgemäße Studie. —,80

Zur Kriegsgeschichte Rußlands. Von einem russischen Stabsoffizier. 1,—